Wolfgang Hantel-Quitmann

# schamlos!

Wolfgang Hantel-Quitmann

# schamlos!

Was wir verlieren, wenn alles erlaubt ist

HERDER

FREIBURG · BASEL · WIEN

*Meinen Kindern und Enkelkindern*

© Verlag Herder GmbH, Freiburg im Breisgau 2009
Alle Rechte vorbehalten
www.herder.de

Satz: Barbara Herrmann, Freiburg
Herstellung: CPI – Clausen & Bosse, Leck

Gedruckt auf umweltfreundlichem, chlorfrei gebleichtem Papier
Printed in Germany

ISBN 978-3-451-30262-6

# Inhalt

*Wen nennst du schlecht?*
*Den, der immer beschämen will.*
*Was ist dir das Menschlichste?*
*Jemandem Scham ersparen.*

Friedrich Nietzsche,
*Die fröhliche Wissenschaft*

# schamlos!
## Zur Einführung

Horrorgeschichten entstehen neuerdings nicht mehr in der Fantasie, sondern in der Wirklichkeit – allerdings in Dimensionen, die nur noch fantastisch zu nennen sind. Beispielsweise eine Geschichte wie diese: Einem Konzern droht aufgrund von Finanzspekulationen der verantwortlichen Manager der Kollaps. Daraufhin wird er mit Milliarden an Steuergeldern vom Staat vor der Pleite gerettet, und anschließend bedienen sich die Manager aus dem Hilfsfonds, machen erst einmal eine Luxusreise und feiern so die Rettung auf ihre Weise. Unter der Überschrift: *AIG-Manager gönnen sich Luxusreise nach staatlicher Rettung* berichtete *Der Spiegel* bereits am 8.10.2008: „Kurz nach der staatlichen Rettung des US-Versicherungsriesen AIG gönnen sich die Manager eine Luxusreise nach Kalifornien ... Auf dem Programm standen Wellness-Behandlungen, Golf-Trips und Galamenüs: Weniger als eine Woche nach der staatlichen Rettungsaktion für den US-Versicherungskonzern AIG hat das Unternehmen einigen seiner Manager einen Aufenthalt in einem kalifornischen Luxusresort spendiert. Die Rechnung für den Trip war saftig: insgesamt 440.000 Dollar" (wallstreet-online.de, spiegel.de vom 8.10.2008). Der Durchschnittsbürger zahlt nicht nur im wahrsten Sinne des Wortes die Zeche der Manager, sondern plagt sich derweil mit seinen ganz persönlichen Folgen der Finanzkrise. „Die Durchschnittsamerikaner leiden", sagte der demokratische Parlamentarier Henry Waxman. „Sie verlieren ihre Jobs, ihre Häuser und ihre Krankenversicherung. Trotzdem haben es sich die AIG-Manager weniger als eine Woche nachdem die Steuerzahler den Konzern gerettet haben, in einem der exklusivsten Resorts des Landes gut gehen lassen."

Der Konzern American International Group (AIG) wurde 2008 keineswegs gerettet, sondern machte weiterhin weltweite

Schlagzeilen. Weitere zig Milliarden Dollar an Steuergeldern mussten zu seiner Rettung aufgebracht werden, bis hin zu seiner kompletten Verstaatlichung. AIG hatte im Jahr 2008 mehr als 100 Milliarden Dollar Verlust gemacht und meldete im März 2009 mit 62 Milliarden Dollar den größten Quartalsverlust, den jemals ein Unternehmen zu verzeichnen hatte! Daraufhin bekam der Konzern noch einmal weitere 30 Milliarden Dollar Finanzhilfe, sodass sich die Gesamtsumme der staatlichen Hilfen auf über 160 Milliarden Dollar erhöhte. Die Aktie des Konzerns fiel im gleichen Zeitraum von 52 Dollar auf 42 Cent. Der neuen US-Regierung blieb keine andere Wahl, als den Versicherungskonzern mit weiteren Milliardensummen zu stützen, denn sonst drohe der Zusammenbruch des gesamten westlichen Bankensystems, einschließlich der Deutschen Bank.

Eine Ursache der Krise war die Logik der eigenen Versicherungsarbeit: So hat AIG nicht mehr nur Autos, Haushalte oder Leben versichert, sondern auch „die immer wilderen Spekulationen der größten Finanzinstitute". Die Kommentare der amerikanischen Finanzexperten: „Sie waren von allen die schlimmsten ...", „Verfaulteste Finanzsituation", „Extreme Selbstüberschätzung, angefeuert von Gier".

## Gier?

Was am Verhalten solcher Finanzmanager ist gierig?

Dass sie versucht haben, immer mehr Profite zu machen und dabei auch ihre ganz persönlichen Gewinne und Bonuszahlungen zu erhöhen? *Das ist doch ihre Aufgabe, ihr Job.*

Dass sie dabei nur auf die Erfolgsquoten gehofft haben und nicht darauf geachtet haben, dass sie ein riskantes Monopoly mit dem Geld der Anleger spielen? *Spielgeld ist nun mal Spielgeld. Solange Gewinne gemacht wurden, hat sich auch keiner beschwert.*

Dass sie auf kurzfristige Gewinne und nicht auf langfristige gesetzt haben? *Die Bonuszahlungen waren nun mal so angelegt, dass die kurzfristigen Unternehmensgewinne viel besser honoriert wurden als die langfristigen. Der Anteil für nachhaltige Gewinne lag bei lediglich 20 % der Bonuszahlungen.*

Dass sie aus den ersten Verlusten nicht gelernt haben, sondern das Spiel weitergespielt haben? *Das ist nun mal die Logik des Marktes, ähnlich wie bei einem Casino.*

Dass sie nach den ersten großen Verlusten ihr Verhalten nicht geändert haben? *Die Hoffnung stirbt eben zuletzt.*

Dass sie sich mit den Hilfsgeldern des Staates zunächst einmal eine Luxusreise gestattet haben? *Das hatten sie sich dann doch verdient, nach all dem Stress.*

Oder dass sie sich nach dem Konkurs ihres Unternehmens erst einmal selbst bedienen werden, um sich mit Bonuszahlungen für ihre gute Arbeit des letzten Jahres großzügig selbst zu belohnen, während die anderen, insbesondere die Aktionäre, leer ausgehen? *Die Bonuszahlungen sind ein Teil des Gehalts, das war nun mal eingeplant.*

Oder ist alles zusammen gierig?

Gier taucht in den aktuellen Diskussionen um solche Phänomene immer wieder als Erklärung auf. Das erste Bild, das bislang den meisten Menschen zum Begriff Gier einfiel, war jemand, der maßlos Essen in sich hineinstopfte; solch eine Gier löste beinahe Ekelgefühle aus. Dieses Bild wurde langsam verdrängt durch die Vorstellung eines gut gekleideten, jung-dynamischen Finanzmanagers mit Laptop und Vielflieger-Bonus. Wir alle mussten umdenken. Wenn man das Verhalten eines anderen Menschen als gierig bezeichnet, dann hält man ihn für egoistisch, maßlos und rücksichtslos. Zugleich kann man mit dieser Bewertung auch die eigenen Aggressionen loswerden, die immer dann auftauchen, wenn man es mit solchen Menschen zu tun hat, denn sie verhalten sich rücksichtslos und machen auch neidisch.

Gier erscheint als maßloser Hunger nicht nur nach Nahrung, sondern auch nach Geld, Anerkennung, Bedeutung, Zuwendung und Macht. Gier beschreibt einen Zustand des unersättlichen Mangels, der Grenzenlosigkeit, Maßlosigkeit oder Unersättlichkeit. Aber mit dem Begriff der Gier wird nichts erklärt, er wirft nur weitere Fragen nach den Motiven oder Ursachen auf. Gier hat zudem eine sehr moralische Seite, denn Gier ist egoistisch, undiszipliniert und rücksichtslos. In der Psychologie, die sich mit den seelischen Hintergründen solcher persönlichen Eigenarten beschäftigt, spielt der Begriff der Gier keine Rolle, bestenfalls in Theorien der Sucht (so bei Ess-Störungen wie Bulimie oder Binge-Eating). Um psychologisch die Hintergründe der Gier verstehen und erklären zu können, muss man sich mit der Scham auseinandersetzen. Denn die Scham ist es, die der Gier normalerweise die Grenzen setzt. Versagt also bei der Gier die Scham? Wie kommt es zur Schamlosigkeit?

## Schamlos!

Die Financial Times berichtet am 13.1.2009 unter der Überschrift *Schamlos in Detroit* in schöner Analogie zu *Schlaflos in Seattle*: „Man stelle sich einen Mann vor, der sich auf dünnes Eis begeben hat und eingebrochen ist. Und noch während die Feuerwehr ihn aus dem Loch zieht, schnauzt er sie an, sie hätte den Teich gefälligst besser absichern sollen. Genauso tritt der Produktchef von General Motors in Detroit auf, wenn er der US-Regierung vorwirft, die Autobauer mit verfehlter Industriepolitik ins Verderben gestürzt zu haben. Nach Bob Lutz' Lesart konnten die amerikanischen Autobauer gar nicht anders, als große Spritschlucker zu bauen – wegen der niedrigen Benzinpreise und mangelnder staatlicher Unterstützung. Und wenn die Regierung nun ihr Elektroauto haben wolle, müsse sie eben dafür bezahlen, am besten 5000 bis 6000 Dollar pro Stück. Und ach ja, die Batteriehersteller sollen an ihrer Leistung arbeiten" (Financial Times Deutschland, Leitartikel, 13.1.2009). Schamlos ist es, das eigene Fehlverhalten zu leugnen und im Gegenzug anderen die Verantwortung und Schuld für die Katastrophe zuzuschieben. Psychologisch gesehen ist diese Begründung eine Abwehr, die man als Projektion bezeichnet und die als eine sehr frühe und unreife Form des Umgangs mit Konflikten gilt. Beispielhaft dafür ist der kleine Junge, der den Ball in die Scheibe geschossen hat und jetzt auf seinen kleinen Freund zeigt und sagt, der habe das gemacht.

Schamlosigkeit hat viele Gesichter und Erscheinungsformen. Wenn ein ehemaliger Wirtschaftsmanager Hartz-IV-Empfänger als „Wohlstandsmüll" bezeichnet, dann zeigt er damit seine Verachtung für solche Menschen.

Wenn ein Showmaster in einer Live-Sendung eine Kandidatin auffordert, vor ihm auf die Knie zu gehen, und sie danach ablehnt, dann ist dies eine öffentliche Demütigung.

Wenn der ehemalige Vorstandschef der Hypo Real Estate nach der fristlosen Kündigung seinen ehemaligen Konzern auf Lohnfortzahlung von mehr als einer halben Million pro Jahr bis zu seinem Lebensende verklagt, obwohl er selbst verantwortlich war für den Kollaps der Bank und die Münchener Staatsanwaltschaft gegen ihn ermittelt wegen Untreue, Marktmanipulation und unrichtiger Darstellung, dann ist das schamlos.

Wenn in einer TV-Serie Babys und Kleinkinder für mehrere Tage und Nächte fremden Jugendlichen überlassen werden, dann ist das nicht nur eine seelische Misshandlung der Kinder, sondern schamlos, weil das Kindeswohl kommerziellen Interessen geopfert wird.

Wenn der dramatische Klimawandel beispielsweise in Bangladesh zu Hochwasser und Landverlust führt und die Bevölkerung nicht mehr weiß, wohin sie fliehen und wovon sie leben soll, während wir uns über das schöne Wetter freuen und politische Beschlüsse zur Begrenzung des $CO_2$-Ausstoßes mit dem Hinweis ablehnen, andere Länder sollten auch mal einen Beitrag leisten, dann ist das schamlos, weil das Denken nur an den eigenen Interessen orientiert ist.

Wenn Männer und Frauen für exakt die gleiche Arbeit unterschiedlich bezahlt werden und in Deutschland der Gehaltsunterschied zwischen Männern und Frauen im Durchschnitt 23 % beträgt, dann ist diese Ungerechtigkeit gegenüber den Frauen schamlos.

Wenn sich ganze Fernsehshows und Magazine der Aufgabe widmen, Privates, Geheimes und Intimes schonungslos an die Öffentlichkeit zu bringen, weil diese angeblich ein Interesse daran habe, und dies auch noch mit einer ausreichenden Quote bestätigt wird, dann ist das im wahrsten Sinne des Wortes schamlos, weil Verborgenes gezielt zur Unterhaltung oder gar Belustigung anderer entblößt wird und man darüber hinaus mit solch einer Schamlosigkeit auch noch Geld verdient.

Wenn auf Pressekonferenzen mit großer Freude und einem unverkennbaren Stolz Bilanzen verkündet werden, aus denen hohe Unternehmensgewinne hervorgehen, und gleichzeitig von der Notwendigkeit von weiteren Kündigungen und Kurzarbeit gesprochen wird, dann ist dies eine erklärungsbedürftige Unverschämtheit.

Wenn menschliches Leiden in Echtzeit und Großaufnahme präsentiert wird und die betroffenen Menschen meist nicht einmal davon wissen, dann bedient dies eine öffentliche Neugier, die für die leidenden Menschen beschämend ist.

Wenn allein für die Rettung der Bank Hypo Real Estate mehr Gelder bereitgestellt wurden, als sämtliche staatlichen und privaten Investitionen in den Bildungssektor in Deutschland zusammen in einem ganzen Jahr betragen, dann ist dies gegenüber der Jugend schamlos.

Wenn jede Werbung nur nach dem Prinzip „Sex sells" platziert wird, wenn keine Toilettenbürste mehr ohne eine nackte Frau beworben wird, dann lösen solche Bilder Scham aus, zumindest bei denen, die sich noch nicht daran gewöhnt haben.

Wenn ein Privatsender einen Film wie *Schindlers Liste* ausstrahlt mit all seinen eindringlichen Bildern aus einem nationalsozialistischen Massenvernichtungslager und in den Werbepausen des Films eine Werbung für Schokoriegel sendet, dann ist dies gelinde gesagt eine Un-ver-schämt-heit.

Und wenn der Staat mit Hunderten von Milliarden Euro Unternehmen finanziell unterstützt und in der gleichen Woche auf einer Pressekonferenz der Bundesregierung von der zuständigen Ministerin die zunehmende Armut unter Kindern zu Recht beklagt wird, dann ist das für diese Regierung beschämend, vielleicht ist es sogar scheinheilig.

Die Liste der Schamlosigkeiten könnte allein schon dieses kleine Buch füllen. Leider sind dies alles keine Auswüchse einer ansonsten gesunden Kultur mehr, und es ist auch nicht der Preis, den wir für einen vermeintlichen zivilisatorischen Fortschritt zahlen müssen. Es sind Symptome einer Kultur, die ihre Menschlichkeit zu verlieren droht. Denn es ist mittlerweile ein großer Teil der Bevölkerung, der an den falschen Stellen klatscht und die leisen Skandale hinnimmt, während er die großen nicht einmal mehr merkt. Unserer Kultur gehen die Maßstäbe für gut und böse, richtig und falsch, anständig und unanständig verloren. Dieser Verlust ethischer Prinzipien betrifft insbesondere das menschliche Mitgefühl und die soziale Verantwortung, aber auch Respekt, Achtung, Mitleid, Rücksicht oder Solidarität.

Anything goes! Alles scheint erlaubt, wenn es die richtigen Menschen machen! Wenn Kinder bei der Bahnfahrt ihre Monatskarte vergessen haben, werden sie am nächsten Bahnhof ausgesetzt und können sehen, wie sie nach Hause kommen. Aber wenn dasselbe Unternehmen tausendfach die eigenen Mitarbeiter bespitzelt, nennt man dies „einen normalen Datenabgleich". Man verstößt damit eindeutig gegen geltende Datenschutzbestimmungen, aber der verantwortliche Bahnvorstand will über Jahre hinweg von dieser massenhaften Überprüfung seiner Mitarbeiter nichts gewusst haben. Dass er mit diesem taktischen Verhältnis zur Wahrheit seine Haut retten will, ist menschlich verständlich; dass ihm dies so leicht gemacht wird, lässt allerdings den Verdacht aufkommen, dass dahinter ein Prinzip gegenseitiger Loyalität steht: Wenn du mir meine krummen Machenschaften nicht verdirbst, dann lass' ich dir auch deine.

Wir haben uns in Deutschland noch nie leichtgetan mit persönlicher Verantwortung. Wer die Macht und das Geld hat, der einigt sich im Vorwege mit der Staatsanwaltschaft, gesteht fast alles, zeigt sich äußerlich einsichtig und kooperativ und erhält lediglich eine Geldstrafe, die er dann selbst noch als „Peanuts" bezeichnet. Manchmal dauert ein solcher Prozess eine Stunde, manchmal findet er gar nicht mehr statt. Die Maßstäbe zur Beurteilung sind zunehmend personenbezogen und machtorientiert: Es kommt nicht mehr darauf an, was man macht, sondern wer es macht. Man fühlt sich immer wieder an George Orwells Aussage aus *Die Farm der Tiere* erinnert: Alle Tiere sind gleich, aber manche sind gleicher als andere. Diese Aussage scheint kaum noch jemanden zu überraschen, aber zumindest Scham könnte man bei den Betroffenen erwarten: Es wäre einfach ein Zeichen der Hoffnung. Denn wenn sich jemand schämen würde, dann könnte man daraus den Schluss ziehen, dass er sein Unrecht einsieht, dass er die Spielregeln der Gemeinschaft kennt und sich vielleicht das nächste Mal wieder an ihnen orientieren wird, dass er seinen Egoismus und seine Schamlosigkeit zumindest merkt. Jonathan Swift, der Autor von *Gullivers Reisen*, hat es einmal so formuliert: „Ich habe mich nie gewundert, böse Menschen zu sehen, aber ich habe mich oft gewundert, sie nicht beschämt zu sehen" (zit. nach Wurmser 2007, 389). Das langsame – und mancherorts auch beschleunigte – Aufweichen der moralischen Regeln und Normen unserer Gesellschaft ist nicht mehr auf wenige Bereiche und Personen beschränkt – das wäre dann eine einfache Form der Schamlosigkeit, wie wir sie schon lange kannten. Die gesteigerte Schamlosigkeit, unter der wir seit einigen Jahren leben und leiden, durchzieht alle Bereiche des gesellschaftlichen Alltags: die Gemeindefinanzen, die Wissenschaft und Bildung, die Sexualität, die Medien, das Leben der Kinder, die Politik und Wirtschaft oder die partnerschaftlichen und familiären Beziehungen.

Die zentrale These dieses Buches lautet daher:

*Die moderne Schamlosigkeit hat viele Gesichter: Geldgier und Egoismus in der Finanzwelt, Machterhalt in der Politik, Selbstdarstellung in den Medien, Sex und Kommerz im Alltag. Zugleich werden Menschen öffentlich lächerlich gemacht, belästigt, abgewertet, gedemütigt, benutzt, beschämt, erniedrigt oder rücksichtslos behandelt. Die Schamgrenzen sind weitgehend abgeschafft, denn ohne Scham erscheint alles erlaubt. Unsere Kultur befindet sich in einer Abwärtsspirale der Schamlosigkeit, in der wir immer weniger Scham empfinden, weil wir immer schamloser werden. Es ist eine Kultur der Selbstdarstellung und Selbstinszenierung, des Egoismus und der Rücksichtslosigkeit. Wir verlieren dabei alle Werte, an die uns die Scham als soziales und moralisches Gefühl erinnert: Achtung, Anerkennung, Respekt, Mitgefühl und soziale Verantwortung. Der Preis dieser schamlosen Kultur ist der Verlust einer sorgenden Mitmenschlichkeit, letztlich der menschlichen Gemeinschaft. Wenn wir diesen Prozess aufhalten wollen, müssen wir nicht nur den Schamlosigkeiten entgegentreten. Wir brauchen einen Nachhilfeunterricht im Umgang mit der Scham, mit allen Gefühlen. Wir brauchen eine emotionale Bildung, in deren Mittelpunkt wieder die sozialen Beziehungen der Menschen stehen.*

# 1. Mit den Augen der anderen

Scham gilt als ein besonders soziales und menschliches Gefühl, denn alle anderen Gefühle soll es auch bei Tieren geben,
insbesondere bei unseren nächsten Verwandten, den Men-
schenaffen. Auch sie können Angst, Wut, Trauer, ja sogar
Neid, Eifersucht oder Ekel empfinden, aber nicht Scham.
Eine Ausnahme scheint allein der Hund unserer Familie zu
sein, unser Königspudel Babalino. Er zeigt eindeutige und ty-
pische Schamreaktionen, wenn wir mit ihm schimpfen.
Dann senkt er den Kopf und die Augenlider und schleicht
von dannen, um sich hinter den nächsten Sessel zu legen. Allein das Erröten scheint zu fehlen, oder man sieht es nur
nicht, denn er hat ja ein Fell. Aber der gesenkte Blick und
das Sich-Verstecken sind eindeutig vorhanden: Unser Babalino schämt sich.

## Die Kultur der Scham

Scham hat zunächst und ganz grundsätzlich etwas mit kulturellen Werten zu tun, sowohl individuell als auch gesell-
schaftlich: mit dem Interesse an Kunst und Kultur, dem
guten Benehmen, dem souveränen Verhalten, dem menschlichen Umgang mit Konflikten, dem Schutz und der För-

derung der Kinder, dem Respekt gegenüber den alten Menschen, einer kindgerechten und humanistischen Bildung und Erziehung, dem Respektieren der Unterschiedlichkeit der Menschen, mit der Erkenntnis, dass die eigene Freiheit keine Unfreiheit der anderen bewirken darf, mit der Rolle von Achtung und Toleranz im zwischenmenschlichen Umgang, der Solidarität mit den Schwachen einer Gemeinschaft usw. Es ließen sich Dutzende solcher Kriterien anführen. Sie umschreiben das, was man als Ethik, Menschenrechte oder humanistische Werte einer Gesellschaft bezeichnen kann, und die Frage, inwieweit sie Wirklichkeit zwischen den Menschen sind, entscheidet über ihre kulturelle Reife. All diese ethischen Werte können gesamtgesellschaftlich als Kultur und individuell als Kultiviertheit einer Person umschrieben werden. Aus christlicher Perspektive hat Jesus von Nazareth in der Bergpredigt eine gute Zusammenfassung dieser Werte gegeben, aber sie finden sich ebenso auch im Koran wie in buddhistischen Lehren, letztlich in allen Religionen der Welt. Diese Werte sollten nicht nur als Rahmen oder Begleitmusik bedeutsam sein, sondern im alltäglichen Handeln der Menschen erkennbar und sinnstiftend für ihr Leben sein.

Unsere Gesellschaft hat Jahrhunderte gebraucht, um diese Werte zu entwickeln und halbwegs umzusetzen, und sie hat dabei immer wieder schreckliche Rückfälle in eine kulturelle Barbarei erleben müssen wie in der Zeit des deutschen Nationalsozialismus. Kultur ist kein gradliniger, unumkehrbarer und stetig ansteigender Entwicklungsprozess. Das Gleiche gilt für die einzelne Person, die im Prozess der individuellen Sozialisation eine kulturelle Entwicklung durchmachen muss, und auch hier sind massive Rückfälle an der Tagesordnung. Einmal Erreichtes bleibt nicht von allein bestehen, sondern kann jederzeit leicht wieder zerstört werden.

Warum ist dies alles bedeutsam für die Scham? Weil Scham nur dann entsteht, wenn ein einzelner Mensch oder eine ganze Gesellschaft im täglichen Handeln den eigenen kulturellen

Ansprüchen und Erwartungen nicht gerecht wird. Ein Mensch schämt sich nur dann, wenn er merkt, dass er gar nicht so souverän, ehrlich, rücksichtsvoll, verantwortlich oder mitfühlend ist, wie er nach den eigenen Idealen und Wunschvorstellungen sein möchte. Scham setzt die Existenz dieser Ideale und Werte voraus. Nur wer soziale und moralische Erwartungen an sich selber hat und sie nicht erfüllt, empfindet Scham. Wer diese Ideale nicht hat, wer sie abschafft, gänzlich andere an ihre Stelle setzt, keine Normen und Werte anerkennt, der wird sich auch nicht schämen müssen. Ohne Werte und Ideale gibt es keine Scham, aber auch keine menschliche Gesellschaft! Wohl dem also, der sich schämt, denn seine Scham zeigt an, dass er Werte und Normen verinnerlicht hat, an denen er sich orientierten möchte. Persönliche Entwicklung und Reifung ist nur möglich, wenn der einzelne Mensch versucht, ethische Ideale, Normen und Erwartungen als sinnstiftend für sein Leben anzuerkennen und sich an ihnen zu orientieren.

## Scham im Angesicht des Anderen

Scham ist nicht nur ein kulturelles, sondern auch ein soziales, ja sogar ein politisches Gefühl, weil in ihrem Zentrum der Mensch als Gemeinschaftswesen steht; darauf hat bereits Platon sehr eindringlich hingewiesen. Alle anderen Gefühle des Menschen sind im Grunde weniger kompliziert als die Scham. Wir können Angst vor einem Unwetter haben oder bei der Parkplatzsuche Wut empfinden, Ekel kann durch schlechte Gerüche ausgelöst werden, Neid beim Anblick des Hauses des Nachbarn entstehen oder Trauer durch den Verlust eines bedeutsamen Gegenstandes ausgelöst werden. All diese Gefühle brauchen keine menschlichen Situationen, manchmal reichen auch Wertsachen, das Wetter oder die Weltlage. Die Scham dagegen entsteht nur dann, wenn Menschen beteiligt sind. Der Mensch schämt sich nur im Angesicht des anderen.

Dieser andere Mensch kann allerdings nicht irgendwer sein: Zwischen dem sich schämenden Menschen und dem anderen, dem gegenüber diese Scham empfunden wird, muss es eine besondere Beziehung geben. Wer in Gegenwart eines anderen, zufällig anwesenden Menschen etwas falsch macht oder sich danebenbenimmt, der wird vielleicht nur eine kurze und wenig tief gehende Scham empfinden. Aber wenn es sich um einen Menschen handelt, der wichtig und bedeutsam ist, den man liebt oder in den man verliebt ist, dann wird die eigene Fehlhandlung eine ganz andere Bedeutung haben. Je wichtiger die Beziehung zum anderen, desto schmerzlicher und schwerwiegender ist die durch ein eigenes Fehlverhalten ausgelöste Scham. Wer aus einer plötzlichen Wut heraus einen anderen beschimpft, den er gar nicht kennt, der kann sich entschuldigen, und nach wenigen Minuten ist die Scham verflogen. Wer allerdings den Liebespartner grob und ungerecht beschimpft, der empfindet eine Scham, die nicht allein durch eine Entschuldigung wiedergutzumachen ist. Er sollte also sehr gut darüber nachdenken, wieso es zu diesem heftigen Wutausbruch kam, damit er ihn beim nächsten Mal verhindern kann. Es gilt aus der Scham zu lernen, sonst wird die Liebesbeziehung nicht mehr lange eine sein. Entscheidend ist demnach nicht die falsche Bemerkung, die Fehlhandlung oder konkrete Peinlichkeit, also der Auslöser und Inhalt der Scham, sondern der Beziehungsaspekt, also die Frage, wer anwesend war, wer es gesehen und gehört hat, wie derjenige darüber denken mag und welche Folgen all dies für die persönliche Beziehung haben mag.

Solche Fehlhandlungen, Peinlichkeiten, Ungerechtigkeiten oder Schamlosigkeiten sind in intimen Beziehungen zwischen Eltern und Kindern, Geschwistern, Freunden oder Liebespartnern nicht nur in negativer Hinsicht folgenschwerer, sondern auch in positiver. Wen man liebt, dem verzeiht man eher, den weist man eher auf eigenes Fehlverhalten hin, mit dem identifiziert man sich, auf den möchte man stolz sein und für den möchte man sich nicht schämen müssen. Damit haben intime Beziehungen auch ein wunderbares Potenzial für persönliche Veränderungen und Entwicklungen, und die Scham spielt dabei eine ganz besondere Rolle. Natürlich kann Achtung, Respekt, Verantwortlichkeit, Verbindlichkeit, Mitgefühl oder auch Mitleid in allen menschlichen Beziehungen erlebt und erlernt werden. Darauf hat insbesondere Kant hingewiesen, bei dem die Achtung ein ganz besonderes Gefühl im Zusammenhang mit moralischen Geboten darstellt. Aber in intimen Beziehungen sind solche Lern- und Veränderungsprozesse leichter. Wenn Liebe im Wesentlichen die Fähigkeit darstellt, die Welt mit den Augen des anderen zu sehen, so wie die sorgende Mutter die Welt mit den Augen des Kindes betrachten kann, dann ist diese Perspektive schon immer vorhanden, dann muss sie nicht durch Betroffenheit hergestellt werden. Intimität macht es leichter, die Scham zuzulassen und aus ihr zu lernen.

## Die Chance der Intimität

Scham entsteht, wenn etwas aufgedeckt wird, was man verbergen möchte. Insofern will die Scham etwas verhindern, maskieren, verdecken, das als privat, intim, sensibel oder sehr verletzlich gilt. Scham ist die Maske der Intimität und zugleich ihre Hüterin.

Intimität geht weit über die sexuelle Bedeutung des Wortes, die sie im Deutschen leider hat, hinaus. Die längsten intimen Beziehungen im Leben eines Menschen sind geschwisterliche Beziehungen. Man kennt sich gut, hat eine gemeinsame Geschichte und akzeptiert im positiven Fall die Macken des anderen, ist offen für gemeinsame Lernprozesse und kann auch über unangenehme Seiten der Beziehung offen sprechen. Eine solche Beziehung erlebt auch Krisen, kann aber die dabei auftauchenden Konflikte gemeinsam lösen. Die Scham als Hüterin des Intimen und Privaten muss in solchen Beziehungen nur wenig oder auch gar nicht auftauchen, weil in einer solchen liebevollen Beziehung ein echter Schutz nicht notwendig ist. Wenn Intimität im Prozess einer gegenseitigen Selbsteröffnung entsteht und vertieft wird und dies alles im gegenseitigen Einvernehmen geschieht, dann wird die Scham nur in sehr geringem Maße ausgelöst. Man braucht zwar weiterhin den Schutz der Masken, und die Scham ist die Maske des Privaten und der Intimität par excellence, weil man in Liebesbeziehungen auch auf besondere Weise verletzlich ist. Aber zugleich ermöglichen intime Beziehungen, insbesondere Liebesbeziehungen, eine gegenseitige Öffnung der Schamgrenzen ohne die Angst vor Beschämungen. Hier ein Beispiel.

## Ein schamloser Mann

*Meine Frau meint, ich solle mich schämen, aber ich empfinde keine Scham ...*

Der Klient sitzt mir etwas zusammengesunken gegenüber: 52 Jahre, schlank, sportlich, Nichtraucher, Golfspieler, Vater von zwei Söhnen, die er streng moralisch erzieht. Er ist Banker, ein bis vor gar nicht allzu langer Zeit durchaus ehrbarer Beruf, genauer: Er arbeitet im Vorstand einer Bank, bezieht ein fünfstelliges Monatseinkommen plus Gewinnbeteiligung und Bonuszahlungen. Seit einem Jahr hat er eine leidenschaftliche Liebesaffäre mit einer karrierebewussten Investmentberaterin, die sich nichts sehnlicher als ein Kind von ihm wünscht. Er selbst will kein Kind mehr, versteht es aber großzügig als Preis der Leidenschaft. Seine Souveränität und Selbstsicherheit, die sein Leben bislang begleitet hat, ist seit ein paar Wochen verloren gegangen, seitdem seine Ehefrau auf sehr unschöne Weise von seiner Liebesaffäre erfahren hat.

*Irgendwie haben sich alle gegen mich verschworen: Meine Freundin will ein Kind, und meine Angst sagt mir, dass sie schon schwanger ist. Sie macht so einen zufriedenen Eindruck, obwohl wir uns gar nicht mehr häufig sehen, da stimmt was nicht. Meine Frau will, dass ich mich sofort von dieser Person – so nennt sie die Freundin – trenne, andernfalls würde sie sich scheiden lassen. Und Sie wissen, was das heute kostet, selbst nach dem neuen Unterhaltsgesetz. In der Bank läuft seit der Finanzkrise ein dauerndes Mobbing, jeder arbeitet gegen jeden und keiner weiß wirklich, was wir da noch alles im Keller haben. Sogar meine Mutter meint, ich sollte mich schämen. Neulich habe ich mit ihr die Tagesschau gesehen, danach fing sie an zu weinen. Bis jetzt sei sie ja stolz auf mich gewesen als Bankmanager, aber jetzt müsse sie sich für mich schämen. Überall stehe ich am Pranger ...*

Sie wissen, dass der Pranger im Mittelalter der öffentlichen Beschämung diente. Die ganze Gemeinschaft kam zusammen, beschimpfte und bespuckte den an den Pranger Gestellten ...

*Ja, so komme ich mir vor, nur leider empfinde ich kein Unrecht, wofür soll ich mich schämen?*

Was haben Sie denn Ihrer Mutter zum Trost geantwortet?

*Dass wir Banker nur unsere Arbeit gemacht haben. Unsere Aufgabe ist es ja, aus Geld mehr Geld zu machen, damit alle mehr verdienen. Darin sehe ich kein persönliches Versagen, das ist ein Systemfehler gewesen. Wir haben nur die finanzpolitischen Spielräume ausgenutzt, die wir nun mal hatten. Wenn jetzt alle die Banker steinigen wollen, dann kann ich denen nur sagen, dass da noch ein paar andere beteiligt waren. In der Bank schämt sich keiner, die sind nur verunsichert. Ein paar Weicheier sind ausgestiegen, weil sie es nicht mehr ertragen konnten, die Leute zu betrügen, wie sie meinten, weil sie ihnen Wertpapiere verkauft haben, von denen wir schon lange wussten, dass sie faul sind. Aber das waren wenige, vor allem Frauen.*

Haben die Tränen Ihrer Mutter Ihnen denn etwas ausgemacht?

*Na ja, sie ist eine alte Frau, sie versteht die Welt schon lange nicht mehr. Dass sie jetzt nicht mehr stolz auf mich ist, ärgert mich schon ein wenig, aber das gibt sich schon wieder. Wirklich erklären kann ich ihr das Ganze ja auch nicht, ich verstehe es ja selber nicht mal. Dass da einige über die Stränge geschlagen sind, weiß jeder, aber warum es diese Ausmaße erreicht hat, ist kaum nachvollziehbar. Da sind so viele ungünstige Faktoren zusammengekommen ...*

Und wofür, glauben Sie, sollten Sie sich nach Meinung Ihrer Frau schämen? Ich nehme mal an, für Ihre Liebesaffäre mit der Investmentberaterin und nicht die reichlichen Bonuszahlungen bei gleichzeitiger Streichung der Dividenden. Was ist es, was Ihre Frau an der Liebesaffäre so beschämend findet? Versuchen Sie diese Frage mal aus der Sicht Ihrer Frau zu beantworten.

*Keine Ahnung. Von den sexuellen Details weiß sie ja nichts. Ich nehme mal an, wegen des Vertrauensbruchs, also weil ich ihr immer wieder Lügen aufgetischt habe. Sie hat mich ja neulich noch angebrüllt und geschrien, ich hätte ihr Vertrauen missbraucht, mich rücksichtslos verhalten, mich unverantwortlich gegenüber der Familie gezeigt, kurz: ich sei ein egoistisches Schwein.*

Und? Hat sie Recht?

*Aus ihrer Sicht vielleicht, aber zu einer Liebesaffäre gehören immer zwei.*

Nein, mindestens drei, wahrscheinlich noch mehr. Aber lassen Sie uns bei Ihrer Frau bleiben. Sie fordert von Ihnen, dass Sie sich schämen, und die Anklage lautet: Lüge, Respektlosigkeit, Unverantwortlichkeit, Egoismus.

*Da muss ich mich aber sehr beherrschen und meine eigene Sicht vollkommen ausblenden. Das kann ich nur so sehen, wenn ich das alles aus der Sicht meiner Frau betrachte. Wenn ich aber an meine Situation denke, empfinde ich eher Mitleid mit mir selbst.*

Wenn Sie Ihre Ehekrise verstehen wollen, sollten Sie versuchen, das Ganze mehr mit den Augen Ihrer Frau zu sehen. Gab es denn mal Situationen im letzten Jahr, in denen Sie kleine Ansätze von Scham empfunden haben, Sie also gar nicht so schamlos waren, wie Ihre Frau Sie erlebt hat?

*Ja, die gab es durchaus. Als meine Frau alles über meine Geliebte herausgefunden hatte, alle SMS und E-Mails gelesen hatte und mich dann heulend abends zur Rede stellte, da fühlte ich mich schon beschissen, weil sie so gelitten hat. Da hab' ich ihren Schmerz nachvollziehen können. Oder wenn ich im letzten Jahr direkt von einem Bett ins andere bin, dann fühlte ich mich dreckig und schmutzig. Oder wenn ich bei der einen war und mit der anderen telefonierte und ihr eine erfundene Geschichte erzählte. Dann war mir das zu dicht, das konnte ich nur schwer aushalten. Da kam schon so was wie Scham auf.*

Wenn alles gleichzeitig war, ging es Ihnen schlecht, und Sie empfanden Scham. Dann haben Sie sich in dem Moment mit den Augen Ihrer Frau betrachtet, und dann fühlten Sie sich dreckig und schmutzig. Also wenn Zeit und Distanz dazwischen waren, ging es Ihnen besser, aber wenn Sie bei dem anderen geliebten Menschen waren, Ihrer Frau oder Ihrer Geliebten, und deren Sicht unmittelbar in Ihrem Leben war, dann haben Sie sich geschämt?

*Ja, genau. Im Moment geht es mir auch so. Je mehr ich das Leben oder Leiden der anderen von mir trennen kann, desto besser halte ich das aus. Aber wenn ich mir vorstelle, wie sehr meine Frau gelitten hat, dann finde ich mich ganz schön schamlos.*

Und aus dieser Scham heraus, die Sie jetzt empfinden, was wollen Sie nun tun?

*Am liebsten würde ich ab durch die Mitte. So was wie Aussteigen.*

Also fliehen?

*Das klingt hart, das ist ja sonst nicht meine Art.*

Das ist eine ganz normale und verständliche Reaktion: Wer sich schämt, will im Erdboden versinken, alles ungeschehen machen, die Zeit zurückdrehen oder fliehen.

*Nein, ich denke, das geht so nicht weiter, ich muss eine Entscheidung treffen, ich darf dieses Spiel nicht mehr fortsetzen, ich muss mich und mein Leben ändern. Aber dazu bin ich ja hier.*

Empfinden Sie denn mir gegenüber eine gewisse Scham, wenn Sie mir das alles erzählen?

*Nicht wirklich, ich denke, Sie sind ja auch ein Mann und werden mich verstehen, und außerdem bezahle ich Sie ja. Aber wenn Sie mit meiner Frau sprechen, dann sollten Sie einiges für sich behalten, was ich Ihnen hier erzähle, das müssen wir noch klären.*

Das wiederum finde ich schamlos.

Im Verlauf der Paartherapie, in der wir immer wieder auch Einzelgespräche führten, waren Scham und Schamlosigkeit immer wieder ein wichtiges Thema. Er lernte, seine Schamlosigkeit zu erkennen und zu überwinden, indem er die Sicht der anderen Menschen seines Lebens einnahm und diese Sicht in sein eigenes Denken und Handeln mitnahm. Immer wieder forderte ich ihn auf, sein eigenes Verhalten nicht mir oder sich selbst gegenüber zu rechtfertigen, sondern aus der Sicht seiner Frau, seiner Kinder, seiner Geliebten oder seiner Mitarbeiter zu kommentieren. Er war gut darin, Menschen klar und hart zu bewerten, das hatte er gelernt, aber bei ihm selbst war dies eine heftige Herausforderung.

Zu seinem eigenen Erstaunen hatte er das größte Mitgefühl mit seiner Frau; ihre Kommentare aus seinem eigenen Mund beschämten ihn sehr. Aus ihrer Sicht konnte er die Vorwürfe nicht nur annehmen, sondern auch die dabei ausgelöste Scham bei sich erkennen und zulassen. Ausgehend von dieser Erfahrung haben wir die Sichtweisen der anderen Personen durchgearbeitet: Sein ältester Sohn ging auch scharf mit ihm ins Gericht, während seine Geliebte erstaunlich verständnisvoll erschien. Am Ende konnte sie ihn mehr verstehen als er sich selbst. Diese Haltung hatte anscheinend einen großen Teil ihrer Attraktivität ausgemacht. Sie hatte ihn bewundert und tat es auch dann noch, als er ihr probeweise in der Therapie sagte, dass er nicht mit ihr zusammenkommen werde, auch wenn sie ein Kind erwarte.

Je mehr der Mann sich im Verlauf der Paartherapie mit dem Vorwurf der Schamlosigkeit auseinandersetzte – seiner Schamlosigkeit im Job und in der Liebesaffäre –, desto mehr schämte er sich für das, was er getan hatte, und desto mehr versuchte er, sein Leben nach diesen Erkenntnissen zu ändern. Er fand heraus, dass Scham ein äußerst unangenehmes Gefühl ist, das dennoch eine sehr heilsame Wirkung haben kann. Scham kann schmerzen und brennen, und bei einigen Erinnerungen musste er unruhig in seinem Sessel hin und her rutschen.

Scham entsteht als Gefühl, wenn das eigene Verhalten mit den Augen derer gesehen wird, die einem lieb und wertvoll sind. Aber das allein reicht nicht. Man muss mit der Perspektive der anderen und all den Gefühlen, die dies beinhaltet, wieder in die eigene Position zurückkehren. Und dann wird einem plötzlich deutlich: So toll, wie ich sein möchte, bin ich vielleicht doch nicht. Ich halte diese Blicke nicht mehr aus, ich will mich verstecken, ich schäme mich. So unangenehm das konkrete Gefühl der Scham ist, oder besser: *weil* die Scham so unangenehm ist, stecken in ihr so viele Möglichkeiten der Änderung. Manchmal kann die Scham zu intensiven Lernprozessen, großen Veränderungen oder gar persönlichen Entwicklungen führen.

Mit der Rückkehr der Scham in sein Leben kam das Gefühl der Schamlosigkeit, das er so eindringlich noch nie empfunden hatte. Er erkannte, dass seine Schamlosigkeit, die er am ehesten als Rücksichtslosigkeit gegenüber anderen Menschen empfand, bislang auf wundersame Weise verhindert hatte, dass er die Scham spürte. Ihm wurde klar, dass seine Schamlosigkeit dazu geführt hatte, die Scham nicht spüren zu müssen. Zwischenzeitlich wollte er die Therapie abbrechen, weil er die Angst hatte, dass er durch die persönlichen Veränderungen nach einer abgeschlossenen Therapie nicht mehr in der Lage sein könnte, seinen Job noch richtig zu machen. Ich antwortete ihm wahrheitsgemäß, dass dies durchaus passieren könne und er selbst dies entscheiden solle. Er hat sich dann mit seiner Frau beraten und weitergemacht. Lebt sich besser so, meinte er lakonisch.

## Schamgefühle sind unerträglich

Scham hat viel mit Angst zu tun. Zunächst einmal ist da die Angst in der konkreten Situation des Errötens, im Moment des heißen Schamgefühls. Wer schon viele derartige Situationen erlebt hat oder wer die Scham besonders tief, beschämend oder gar demütigend empfunden hat, der entwickelt eine ausgeprägte Angst vor solchen Schamsituationen, eine Schamangst. Und neben diesen beiden Ängsten rund um die Scham – die Angst in der Schamsituation und die Angst vor diesen Situationen – gibt es drittens noch eine schamhaft ängstliche Persönlichkeit. Solche Menschen sind scheu, zurückgezogen, ängstlich bemüht, nicht aufzufallen. Es ist eine ängstliche Schamhaftigkeit, die zum Wesen oder Charakter einer Persönlichkeit werden kann. Solch eine Persönlichkeitseigenschaft findet sich auch als Ausdruck von Krankheiten, psychischen Störungen oder traumatischen Erfahrungen.

Scham hat einen sehr schlechten Ruf, der auf das konkrete Gefühl in der Scham auslösenden Situation zurückgeht. Wer sich schämt, möchte im Erdboden versinken, die Zeit zurückdrehen oder einfach fliehen. Bis in die frühe Kindheit reichen die unangenehmen Erinnerungen an mit Scham verbundene Situationen zurück, und manchmal sind diese Erinnerungen heute noch mit Scham besetzt, oder es kommt starke Wut hoch, weil man sich damals ungerecht oder gar grausam beschämt fühlte.

Beschämt zu werden ist eine schreckliche Erfahrung, auf die jeder am liebsten verzichten möchte. Als ich in den 1950er und 1960er Jahren zur Schule ging, mussten sich die Schulkinder noch zur Bestrafung in die Ecke stellen und dort schämen. Auf besonders eindringliche Weise beschreibt dieses Sich-schämen-Müssen John Irving in seinem Roman *Bis ich dich finde* (246). Dort werden die unzüchtigen Kinder bei besonders schlechtem Verhalten von der Direktorin aus der Klasse geholt und in die angegliederte Kapelle begleitet, wo sie mit dem Rücken zum Altar hinknien müssen, weil sie mit ihrem schlechten Benehmen Gott den Rücken gekehrt haben. Dann „ging die Frau in Grau mit dem zu bestrafenden Kind in die Kapelle und ließ es dort. Es musste sich mit dem Rücken zum Altar neben eine der Bankreihen auf den Steinboden des Mittelgangs knien. ‚Du hast Gott den Rücken gekehrt‘, sagte die Frau in Grau zu dem Kind. ‚Du kannst nur hoffen, dass Er es nicht sieht.‘" Das Kind hatte nicht nur eine soziale Regel verletzt, nein, es hatte „Gott den Rücken gekehrt". Welch eine fürchterliche Strafe für ein kleines Kind! Das soll es heute auch noch – oder wieder? – geben. Es ist nicht ein Schämen, aus dem das Kind lernen konnte, sondern eine Beschämung vor allen anderen, Gott eingeschlossen, verbunden mit einer vorübergehenden Ausgrenzung aus der Gemeinschaft, die man nur als Demütigung bezeichnen kann. Solche Strafen aus dem Katalog der schwarzen Pädagogik zeigen an, wie schmal der Grat ist zwischen dem positiven Lernen aus der Scham, wie sie beispielsweise auf liebevolle Weise im Rahmen intimer Beziehungen möglich ist, und einem Beschämtwerden, das nur das Selbstwertgefühl zerstört, massive Ängste vor einem Ausschluss aus der Gemeinschaft schürt und damit das Lernen nahezu unmöglich macht. Aus diesen schrecklichen, beschämenden oder sogar demütigenden Erfahrungen entwickelt sich leicht eine Angst vor der Scham, die dazu führt, dass man in Zukunft alle Situationen vermeiden möchte, die zu einer neuerlichen Beschämung führen könnten.

Beschämungen führen zu Ängsten, Unsicherheiten und einem verminderten Selbstwertgefühl. Das Gefühl der Scham kann aber auch sehr lehrreich und positiv für die eigene Entwicklung sein. Wer Schamerlebnisse in Zukunft vermeiden möchte, muss diese Situationen aus der Sicht der anderen sehen und diese Sicht in sein eigenes Denken und Handeln integrieren. Wer auf diese Weise positiv aus der Scham lernt, stellt sich zukünftig folgende Fragen: Wie muss ich mich verhalten, dass ich meine Bedürfnisse und Interessen durchsetze, ohne anderen Menschen zu schaden? Wie kann ich mich meinen Gefühlen entsprechend verhalten, ohne die Gefühle anderer zu verletzen? Wie kann ich meine Meinung vertreten, ohne die sozialen Normen und Gebote zu missachten? Und wenn ein Mensch all diese Fragen beantwortet hat, wenn er damit die Lehren aus der Scham gezogen hat, dann ist die Wahrscheinlichkeit recht groß, dass er sich respektvoll und freundlich verhält, sich an den sozialen Normen und Regeln orientiert, in seinem Handeln die Würde des Gegenübers wahrt, Achtung und Anstand zeigt. Das ist dann der Vorteil dieses schrecklichen Gefühls.

Ein solcher Mensch, der sich nach den sozialen Regeln und Normen seiner Gemeinschaft richtet, lernt aus der Scham, aber er ist kein schamhafter Mensch. Scheue und schamhafte Menschen werden von der Angst vor der Scham so beherrscht, dass sie sich zurückziehen, um keine Fehler zu machen, und wenig mit anderen Menschen in Kontakt treten. Oftmals sind es psychisch kranke Menschen, die an Persönlichkeitsstörungen, schweren Depressionen oder Psychosen leiden. Sie haben in der Regel ein sehr schwaches Selbstbewusstsein, ein geringes Selbstwertgefühl und starke Selbstzweifel. Es sind sehr beschämte Menschen, und nicht selten empfinden sie eine existenzielle Scham. So gab es Anfang 2009 eine Konferenz über die Praxis der geschlossenen Erziehungsheime für Kinder und Jugendliche nach dem Krieg bis in die späten 1960er Jahre hinein, bei der nicht nur Vertreter der Kirchen und der sonstigen Träger dieser Einrichtungen, sondern auch ehemalige Betroffene anwesend waren. Sie haben bei den Anhörungen gesagt, sie hätten damals eine existenzielle Scham empfunden, sie hätten sich geschämt, „da zu sein".

## Angst vor sozialem Ausschluss

Was steckt hinter der Angst vor der Scham, der Schamangst und dem Schamgefühl? Warum ist die Scham so stark, dass wir in den Boden versinken wollen, uns selbst verwünschen, tief betroffen sind? Es ist nicht nur das unangenehme Gefühl der Scham, das wir vermeiden wollen. Scham ist vor allem die Reaktion auf einen Verstoß gegen die Regeln und Normen einer Gemeinschaft, der man angehören will oder von der man sogar existenziell abhängig ist. In erster Linie ist es die Herkunftsfamilie, dann die Freunde, die Dorfgemeinschaft oder auch die eheliche Gemeinschaft. Es ist die Angst, ausgeschlossen zu werden, letztlich eine Angst vor Trennung und Verlust, schlimmstenfalls einem Liebesverlust. Wer solche tiefer gehenden Ängste niemals gehabt hat, der verfügt wahrscheinlich über ein gesundes Selbstwertgefühl und würde selbst im realen Fall von Trennung oder Liebesverlust damit umgehen können. Wer dies aber schon erlebt hat, vielleicht sogar mehrfach und stark, früh und prägend in seinem Leben, der wird sich immer mit dieser Angst beschäftigen müssen und alles tun, um all dies nicht noch einmal erleben zu müssen.

Wenn immer mehr Menschen sich schamlos benehmen oder keine Scham mehr empfinden, sich sogar an der Beschämung und Demütigung anderer belustigen, dann scheint diese Angst, ausgeschlossen, verlassen oder nicht mehr geliebt zu werden, scheinbar nicht mehr wirksam zu sein. Sind diese Menschen alle so selbstbewusst und autonom, dass sie diese Ängste nicht kümmern? Oder haben sie sich schon von den Werten und Idealen verabschiedet, sodass sie die Diskrepanz zwischen ihrem realen Verhalten und ihren inneren Idealen nicht mehr empfinden, weil sie diese inneren Ideale nicht mehr haben? Wie entsteht diese Schamlosigkeit?

## Die Spirale der Schamlosigkeit

Schamlosigkeit entsteht, wenn die Mitmenschen nicht mehr gesehen werden, nur noch die eigenen Interessen zählen und diese egoistisch oder gar rücksichtslos durchgesetzt werden. Denn Scham stört bei der Durchsetzung der eigenen Interessen und Bedürfnisse erheblich. Wenn man sich dauernd fragen muss, ob man mit dem eigenen Verhalten nicht anderen schadet, wenn man die eigene Freiheit nur so weit leben kann, wie sie für andere Menschen keine Unfreiheit bewirkt, wenn dauernde Kooperation die Befriedigung der eigenen Bedürfnisse einschränkt, dann ist, wie es scheint, das Leben nicht mehr wirklich autonom und lustvoll.

Es ist der Traum von der absoluten Autonomie, die eigenen Interessen und Bedürfnisse möglichst ohne jegliche Einschränkungen leben zu können. Der moderne und autonome Mensch will nicht bei jeder beruflichen Entscheidung eine Teamsitzung einberufen und alle Kollegen und den inkompetenten Vorgesetzten fragen müssen, was sie von seinen kreativen Ideen halten. Er will im Bereich von Erotik und Sexualität nicht stundenlange Gespräche über emotionale Befindlichkeiten als Vorspiel führen müssen, bevor es zu lustvollem Sex kommt. Er will nicht die eigenen Kinder fragen müssen, welche Urlaubspläne sie haben, bevor er selber buchen kann. Alles das erscheint ihm als unzulässige Einschränkungen seiner Autonomie, eine Art Überstrapazierung von Rücksicht, Toleranz, Mitgefühl, kurz: als Gefühlsduselei. Kurzfristig aufkommende Scham- oder gar Schuldgefühle gelten diesem modernen Menschen nicht als ein Zeichen von Restkultur, sondern als Störfaktoren auf dem Weg zu Erfolg, Ruhm und Reichtum.

Unangenehme Schamgefühle treten meist dann auf, wenn die eigenen Interessen mal wieder zu hart durchgesetzt wurden, wenn es Opfer gab auf dem Weg nach vorne oder oben. Solche Schamgefühle werden trotzig abgewehrt, indem das eigene Verhalten zur Norm erklärt wird. „Alle machen es so, wo gehobelt wird, fallen Späne, ein Mann geht seinen Weg, nur vorwärts blicken und sich nicht aufhalten lassen." Im psychologischen Sinne werden Schamgefühle durch Schamlosigkeit abgewehrt, denn wenn die Schamlosigkeit, die Rücksichtslosigkeit, die Verantwortungslosigkeit, der Egoismus und das Machtstreben nicht mehr anrüchig, sondern normal sind, dann löst das eigene Verhalten keine Scham mehr aus. Wenn es gelingt, die Normen und Regeln für den sozialen Umgang miteinander so zu ändern, dass der moderne autonome Mensch die Folie für die Normalität wird, dann hat dieser keinen Grund mehr, sich zu schämen, denn er ist ja nur normal. Insofern gilt es, jedes Schamgefühl sofort mit einer Schamlosigkeit abzuwehren, sich bloß kein schlechtes Gewissen zu machen. So ist halt das Business. Auf diese Weise entsteht eine Spirale aus Scham und Schamlosigkeit, vermehrter Scham und vermehrter Schamlosigkeit, aus der man ohne tiefe Scham nicht mehr herauskommt. Manchmal gibt es allzu moralische Menschen, die diesen Weg beruflich oder privat nicht mehr mitgehen wollen, aber das sind eben „unausgelastete Ehefrauen" oder „bemitleidenswerte Weicheier", von denen man sich nicht aufhalten lassen sollte. Schamgefühle? Fehlanzeige!

Schamlosigkeit ist nicht nur der einfache Verlust jeder Scham. Es ist auch kein Rückfall in kindliches Verhalten sozusagen vor der Herausbildung eines Gewissens oder einer Moral. Schamlosigkeit ist eine komplexe Machtdemonstration, bei der sich viele unsoziale Eigenarten mischen, wie Provokation, Rücksichtslosigkeit, Verantwortungslosigkeit, Respektlosigkeit oder auch Trotz. Es scheint, als hätten schamlose Menschen so viel Angst vor der Schwäche, dass sie übertriebene, rücksichtslose Stärke demonstrieren müssen. Ihre Ängste beziehen sich auf alle zärtlichen Gefühle, wie Mitgefühl, Freundlichkeit, Wärme, Zärtlichkeit, Mitleid. Anscheinend empfinden sie solche Gefühle als Schwäche, und deshalb müssen sie sie unbedingt vermeiden. So schreibt einer der wichtigsten Theoretiker der Scham, Léon Wurmser: „Es ist daher ganz offensichtlich, dass die Kulturen der Schamlosigkeit ihr Schamgefühl einfach verschieben; die Verschiebung erfolgt so, dass man sich nicht der Gewalt und Entehrung, des Betrugs und der sexuellen Exhibition schämt, sondern vielmehr der Gefühle der Freundlichkeit und Loyalität, der zärtlichen Rücksichtnahme und taktvollen Zurückhaltung. Diese werden nun als Zeichen von Wertlosigkeit und Schwäche angesehen und müssen vermieden werden" (Wurmser 2007, 396).

Somit lassen sich zusammenfassend drei Seiten der postmodernen Schamlosigkeit unterscheiden:

1. Der Wertemangel der Postmoderne. In der *Antigone* des Sophokles wird dies als Hybris bezeichnet, womit eine Missachtung der Gesetze des Himmels gemeint ist (s. u.). Diese Ablehnung von moralischen Werten und einer verbindlichen sozialen Ethik kennt viele Begründungen: Anything goes, Spaß muss sein, jeder soll nach seiner Fasson glücklich werden. Es ist chic, nicht mehr spießig zu sein, es gehört zum guten Ton, respektlos zu sein. Entwicklungspsychologisch ist dies ein rein pubertäres Gehabe. Demütigung und Zynismus gehören zur Tagesordnung und sind besondere Kennzeichen dieses moralischen Auflösungsprozesses. Der schamlose Zyniker ist ebenso populär und wird ebenso medial inszeniert wie die öffentliche Demütigung. „Banausia" hätte Aristoteles, der griechische Gelehrte und Lehrer Alexanders des Großen, unsere Kultur genannt. Ein Banause war ein Spießer ohne Kunstverstand und Sinn für das Ästhetische, ein Mensch mit einfacher Struktur und flachen Ansichten.

2. Einher mit der Auflösung traditioneller moralischer Werte geht eine Geringschätzung von menschlichen Gefühlen, wie Mitgefühl, insbesondere Mitleid, Achtung, Respekt, Ehre, Pflicht, Stolz usw. Damit dies alles nicht so auffällt, werden Gala-Abende veranstaltet, bei denen das Volk die Möglichkeit hat, Mitgefühl und Mitleid durch Spenden zu beweisen. Es sind moderne Inszenierungen, die an den mittelalterlichen Ablass

erinnern, einen Freikauf von den Sünden. Zugleich werden Gefühle aus dem Alltag der Menschen verdrängt, gefühlvolle Menschen gelten als Weichlinge.

3. Die neuen Ideale kreisen alle um das Individuum: Selbstbestimmung, Unabhängigkeit, Autonomie. Es ist eine große Verschiebung der Ideale von der Gemeinschaft in das autonome Individuum, letztlich in das einzelne Ego: cool sein, d. h. keine Gefühle zeigen, seinen eigenen Weg gehen, Grenzen überschreiten, die eigenen Vorteile sehen bis hin zu den rein narzisstischen Werten wie Macht, Berühmtheit, Medienpräsenz. Die Gemeinschaft zählt nicht mehr, es lebe das autonome Individuum. Es erscheint so, als ob individuelle Autonomie und eine soziale Haltung Gegensätze wären. Aber wir sind soziale Wesen, die einander brauchen, gerade auch bei der Befriedigung unserer wichtigsten Bedürfnisse nach Kommunikation, emotionaler Nähe und Liebe.

Um die Kultur der Schamlosigkeit zu verstehen, sollte man die einfache soziale Scham von der erweiterten unterscheiden. Die einfache soziale Scham entsteht dann, wenn Rücksicht, Mitgefühl, Mitleid, Achtung, Respekt etc. verletzt werden. Um diese Scham weniger oder vielleicht sogar gar nicht mehr spüren zu müssen, werden die Grenzen der Scham, also letztlich die Normen und Werte, verschoben. Damit wird das, was zuvor eine Respektlosigkeit war, zu einer neuen Normalität im Umgang, deren sich scheinbar keiner mehr schämen muss. Diese Verschiebung der Grenzen durch Zynismus, Demütigung, Machtdemonstrationen usw. löst wiederum Scham aus, eine erweiterte soziale Scham, die auch wieder mit noch stärkeren Mitteln abgewehrt werden muss. So werden Zynismus und Demütigung zur Normalität, weil es immer wieder einen neuen Talkmaster oder Entertainer gibt, der noch provokanter, zynischer und respektloser ist als alle bisherigen. Aus der einfachen Scham wird die erweiterte, aus der einfachen Respektlosigkeit der Zynismus, aus der Machtdemonstration die Demütigung: Das ist die Spirale der Schamlosigkeit.

*Wo der Lärm um Narzissmus herrscht,*
*ist Scham immer schweigend präsent.*
Leon Wurmser,
*Die Maske der Scham*


*Too much of nothing*
Bob Dylan


## 2. Schamlos lebt es sich leichter

Manchmal gibt es in der Geschichte der Menschheit wahre
Glücksfälle. Dann ist der richtige Mensch zur richtigen Zeit
am richtigen Ort und tut das einzig Richtige zum Wohle
aller – oder fast aller. Wenn ein Volk beispielsweise lange
Zeit die Korruption ertragen hat, die Wahrheit verschwieg,
das Recht unterhöhlte, die Liebe betrog, die Rücksichtslosigkeit und Verantwortungslosigkeit lebte, dann braucht dieses
Volk dringend einen Präsidenten, der sie von all der Scham
befreit. Dabei geht es nicht um einfache Absolution oder
komplizierte Zauberei. Er müsste ihnen nur möglichst
schnell und umfassend das Gefühl wiedergeben, vollkommen normal zu sein und sich für nichts mehr schämen zu
müssen. Sie brauchen einen Mann, dessen Narzissmus so
stark ist, dass keiner mehr seine eigenen kleinen Eitelkeiten
bemerkt; dessen Selbstdarstellung so grenzenlos ist, dass keiner mehr sich seiner kleinen Dramen schämen muss; dessen
Peinlichkeiten so häufig und abgrundtief sind, dass die eigenen Peinlichkeiten im Vergleich dazu lächerlich sind; dessen
Unverfrorenheit und Rücksichtslosigkeit so atemberaubend
sind, dass alle anderen dagegen wie wahre Samariter und

Menschenfreunde erscheinen. Wenn ein Volk diesen Präsidenten gefunden hat, dann wählt es ihn, weil er für das Volk Unschätzbares leistet: Er befreit die Menschen von allen Schamgefühlen und gibt ihnen endlich wieder das Gefühl, anständige und wahrhaft gute Menschen zu sein. Der Schamlose befreit von der Scham – aber zu welchem Preis?

## Erlösung von der Scham

Bereits mit 25 Jahren machte er sich als Bauunternehmer selbständig, obwohl er nur der Sohn eines Bankangestellten war. Sein Bauunternehmen wuchs beständig, dann gründete er ein Medienunternehmen, wurde Präsident eines der größten europäischen Fußballclubs und gründete 1993, also mit 57 Jahren, eine politische Partei, der er den Namen „Forza Italia" gab, nach dem Schlachtruf der italienischen Fußballfans. Nur ein Jahr später wurde er 1994 zum ersten Mal italienischer Ministerpräsident, musste aber noch im selben Jahr wegen erdrückender Korruptionsvorwürfe zurücktreten. Dies sollte ihm nicht wieder passieren. Heute ist er zum dritten Mal Ministerpräsident. An den Korruptionsvorwürfen hat sich nichts geändert, im Gegenteil, sie sind umfassender und berechtigter denn je. Aber er hat mit seinen politischen Mehrheiten die Gesetze so ändern lassen, dass er nicht mehr zur Verantwortung gezogen werden kann. Die Gesetze garantieren ihm persönlich vollständige Immunität und einen absoluten Schutz vor jeder Strafverfolgung. Die Liste seiner Peinlichkeiten und Schamlosigkeiten könnte dieses Buch füllen: Er fragt eine Reporterin bei einem Interview, ob er sie „ein bisschen betatschen" dürfe; er rät Erdbebenopfern, ihr Leben in den Notzelten doch als eine Art Campingurlaub anzusehen; er kommentiert eine Serie von Vergewaltigungen mit dem Satz: „Wir müssten so viele Soldaten haben, wie es in Italien schöne Mädchen gibt"; und nachdem er bereits 2007 einen dubiosen Briefwechsel mit seiner Frau Veronica Lario über ihre gemeinsame Ehe veröffentlicht hat, trennt sich diese schließlich 2009 von ihm mit dem Vorwurf, dass er mit Minderjährigen verkehre.

Silvio Berlusconi ist eines der eindringlichsten Beispiele eines machtorientierten und schamlosen Politikers. Wie erklärt sich das Phänomen Berlusconi? Er ist seit Jahren allseits als politischer, erotischer, wirtschaftlicher und juristischer Grenzgänger bekannt und wurde dennoch – oder gerade deshalb – mehrfach wiedergewählt. Wer der Schamlosigkeit Tür und Tor öffnet, der macht sie hoffähig und alltäglich. Wo die Schamlosigkeit zum beherrschenden Stilmittel wird, da werden die kleinen Schamlosigkeiten des Alltags gar nicht mehr als solche wahrgenommen. Silvio Berlusconi hat die Italiener von ihrer alltäglichen Scham befreit, indem er sie alle an Schamlosigkeit weit übertraf. „Niemand ist unfehlbar auf dieser Welt, alle sind verführbar von der Macht, dem Geld, dem Sex. Alle sind wir wie Berlusconi, und darum kritisieren wir uns selbst, wenn wir ihn kritisieren. Wollen wir das wirklich? Ist es nicht schöner, wir akzeptieren uns, wie wir sind, ein bisschen korrupt, ein bisschen verlogen, ein bisschen rücksichtslos? Berlusconi erlöst die Leute von dem Gefühl, dass etwas nicht in Ordnung sein könnte mit ihren Instinkten ..." (Ladurner / Schönau). Ja, er erlöst sie auf ganz besondere Weise von der Scham, ein bisschen korrupt, verlogen und rücksichtslos zu sein. Ob dies allerdings biologische Instinkte sind, sei bezweifelt: Eine langsame Aufweichung aller ethisch-kulturellen Wertmaßstäbe über einen längeren Zeitraum scheint mir als Ursache wahrscheinlicher.

Silvio Berlusconi ist für die Mehrheit der Italiener wahrscheinlich nicht so sehr das Problem als vielmehr die Lösung – leider aber eine Lösung mit vielen Folgeproblemen. Denn so heilsam die Schamlosigkeit für die Scham sein kann, es bleibt doch meist nur eine kurzfristige Linderung: Danach führt sie meist nur zu weiterer Schamlosigkeit, und die Spirale der Schamlosigkeit treibt weiter. Und wer in Italien lebt, wer das Land und die Menschen liebt, der kann nur ein großes Klagelied anstimmen. „Italien ist von allen guten Geistern verlassen. Ein Land ohne Zukunft und ohne Hoffnung, ohne Vergangenheit und ohne Scham ... Entpolitisierte Politik kennt keine Problemlösungen, weil sie keine Probleme kennt: Das Bruttoinlandsprodukt Italiens wird im nächsten Jahr aller Voraussicht nach um 2,6 Prozent kleiner, die Arbeitslosen werden schon jetzt von Tag zu Tag mehr. Ganze Landstriche veröden ... und verarmen, jede vierte Familie in Süditalien lebt unterhalb der Armutsgrenze ... Alles kein Problem. Der Regierungschef geht derweil shoppen" (Schönau). Nicht die einzige, aber die wichtigste Voraussetzung der Schamlosigkeit ist ein grenzenloser Narzissmus, der nicht selten die eigene Scham verbergen soll, wie zum Beispiel als Mann sehr klein zu sein oder aus einfachen Verhältnissen zu stammen. Es ist eine übersteigerte Eitelkeit, Selbstinszenierung oder gar Selbstverliebtheit, die den Egoismus, die Rücksichtslosigkeit und eine Selbstüberhöhung gegenüber anderen Menschen erst möglich macht.

## Du bist so eitel

Narzisstische Menschen sind eitel. Sie suchen in ihren Partnerschaften nicht nur eine Bestätigung ihrer einmaligen, wunderbaren, fantastischen und überaus liebenswerten Persönlichkeit, manchmal sammeln sie Partner eher wie Trophäen und schmücken sich mit ihnen, um allen anderen zu zeigen, wie sehr sie begehrt und bewundert werden. Meistens sind sie mehr in sich selbst verliebt als in ihre wechselnden Partner. Aber diese narzisstische Selbstverliebtheit ist brüchig und braucht die ständige Bestätigung und Bewunderung anderer Menschen. Eine junge Sängerin namens Carly Simon hatte vor einigen Jahren ihren internationalen Durchbruch mit einem Lied über solch einen sehr narzisstischen Mann.

Das Lied hieß *You're so vain* (Du bist so eitel) und handelte, wie wir heute alle wissen, von Warren Beatty. Im Original heißt es: „one eye in the mirror" (ein Auge im Spiegel). Dies ist eine treffende Beschreibung einer narzisstischen Person: Sie beobachtet sich selbst ständig aus dem Augenwinkel im Spiegel, der Blick ist immer auch auf sie selbst gerichtet, sie ist um Selbstdarstellung und Selbstinszenierung bemüht und weniger um das Wohlergehen des anderen. Schon im Märchen hieß es: „Spieglein, Spieglein an der Wand, wer ist die Schönste im ganzen Land?" Und nach der altgriechischen Sage verliebte sich Narziss in sein eigenes Spiegelbild.

Wie kann man narzisstische Menschen verstehen? Wer sich selbst im Vergleich mit anderen Menschen minderwertig, klein, dumm, hässlich oder unbedeutend fühlt, der hat im Prinzip zwei Möglichkeiten, mit diesen unerträglichen Gefühlen und Selbstwertproblemen umzugehen: Er kann versuchen, die anderen Menschen abzuwerten, sie also kleiner, hässlicher, dümmer und unbedeutender zu machen, als sie wirklich sind. Dann wird diese grässliche und schmerzliche Diskrepanz nicht mehr empfunden. Oder er kann sich selber aufwerten, also seine Bedeutung herausstellen, seine Erfolge betonen oder seine Leistungen hervorheben. Dabei bleiben natürlich Wahrheit, Freundlichkeit und Mitmenschlichkeit als Erstes auf der Strecke. Beide Wege haben jedoch das rein persönliche Ziel, die Unterschiede zwischen sich und anderen zu verringern und sich dadurch nicht mehr so schlecht fühlen zu müssen. Manche narzisstischen Zeitgenossen spezialisieren sich auf die Abwertung anderer, manche werden zu gnadenlosen Selbstdarstellern, und ganz schlaue wiederum machen beides: andere abwerten und sich selbst gleichzeitig aufwerten. Dies ist eine doppelte Schamlosigkeit, weil die eigene Profilierung auf Kosten anderer Menschen rücksichtslos ist und deren Abwertung erst recht. In unserer modernen Mediengesellschaft gibt es eine nicht geringe Anzahl von Menschen, die mit dieser Psychohygiene auf Kosten anderer sehr viel Geld verdienen. Schalten Sie Ihren Fernseher ein, und Sie sehen täglich mindestens ein Dutzend Menschen dieser Art, und viele von ihnen haben eine eigene Show. Sie sind die Show, aber manchmal auch nicht mehr.

Scham und Narzissmus sind zwei Seiten derselben Medaille. Bei beiden geht es um innere Konflikte rund um das Selbstwertgefühl und die Selbstachtung. Während die Scham versucht, die Selbstzweifel und Minderwertigkeitsgefühle zu verschleiern und zu verbergen, geht der Narzissmus in die Offensive. Narzisstische Menschen versuchen ihre Selbstwertprobleme dadurch zu bekämpfen, dass sie so tun, als gäbe es sie nicht. Mehr noch, sie versuchen ihr grandioses Selbst darzustellen, ihre eigene Bedeutung herauszustellen und damit ihre eigenen Zweifel zu bekämpfen. Die Scham will sich zurückziehen, während der Stolz sich zeigen will. Scham ist zerknirschter Rückzug, Narzissmus eine stolze Trotzreaktion. Der narzisstische Mensch tut so, als ob, betreibt künstliche Selbstinszenierung und versucht damit, sich auf diesem Wege eine Bedeutung zu geben und zu erlangen, die er in sich selbst nicht empfindet. Insofern könnte man unser „Zeitalter des Narzissmus" auch als große Show bezeichnen, damit die Krise des Selbstwertes nicht deutlich wird. Es ist eine Strategie zur Verhinderung der Scham. Scham wäre ehrlicher, aber auch schwerer zu ertragen, also tun alle so, als gäbe es nichts zu schämen.

Schamlose Narzissten wirken in ihrer überzogenen Selbstdarstellung immer irgendwie lächerlich und künstlich und sind in ihrer Abwertung anderer Menschen zugleich unerträglich. Man kann sie meiden und ihnen damit Bedeutung nehmen, damit entzieht man ihnen die Bühne und grenzt die Auswirkungen ihrer Schamlosigkeit ein wenig ein. Solche Menschen können aber auch gefährlich werden, wenn sie Macht erhalten. Denn Narzissmus bedeutet nicht einfach nur Stolz, Selbstachtung oder Wertschätzung des eigenen

Selbst, sondern hat immer auch eine starke Tendenz zur Macht. Macht zu erlangen, sie auszuüben, zu genießen und schamlos zu demonstrieren hat für narzisstisch bedürftige oder gestörte Menschen eine hohe Attraktivität. Narzisstische Menschen lieben die Macht, weil sie dann täglich im Mittelpunkt stehen und damit beinahe alle ihre Probleme los sind; aber das heißt nicht, dass alle Mächtigen narzisstische Probleme haben – obwohl sich bei vielen Politikern, die aus ihrem Amt ausscheiden oder einfach nicht wiedergewählt werden, durchaus häufig solche narzisstischen Probleme einstellen, denn sie erleiden einen großen Bedeutungsverlust, eine Einbusse an narzisstischer Zufuhr, wenn sie von der politischen Bühne abtreten. Vom gestörten Narzissmus mit all seiner Überheblichkeit, seiner Rücksichtslosigkeit, seiner Selbstgefälligkeit, Selbstverliebtheit und inszenierten Selbstherrlichkeit ist es meist nicht weit zu einer Missachtung moralischer Werte. Das ist dann die Hybris der Moderne.

## Die Gesetze des Himmels

Das aus der griechischen Mythologie stammende Wort Hybris kennzeichnet nicht nur den übermäßigen Stolz auf die eigene Person mit all der Anmaßung, Überheblichkeit, Selbsterhöhung, Vermessenheit und dem unerträglichen Hochmut, die daraus folgen. Ein Mensch kann so nur sein, wenn er zugleich die geltenden Werte einer Gemeinschaft missachtet, sich außerhalb einer humanitären Moral bewegt. Hybris ist die chronische Missachtung der „ungeschriebenen und unveränderlichen Gesetze des Himmels", wie Sophokles es in seiner Tragödie *Antigone* formuliert hat. Und Nemesis ist die gerechte Strafe der Götter für diese Hybris.

Wie kommt es zur Hybris, also einer Verletzung ethischer Werte durch eine Person, die sich damit in großer Verblendung und Selbstherrlichkeit als Retter aufspielt? Indem ein einzelner Wert herausgehoben wird und dabei zugleich alle anderen außer Kraft gesetzt werden. Der Verlust der Werte wird nicht beklagt, sondern als notwendiges Übel in Kauf genommen, um ein wichtiges Ziel zu erreichen. Auch wenn alle Welt dagegen ist und dies nicht so sieht, das Ziel rechtfertigt nun mal die Mittel. Als ein Beispiel könnte die Politik der US-amerikanischen Regierung unter George W. Bush dienen. Die Bekämpfung des internationalen Terrorismus bekam oberste Priorität, und das führte, wie wir heute wissen, zu einer chronischen Verletzung von demokratischen Prinzipien und Menschenrechten (s. u.). Ein anderes Beispiel aus der Filmindustrie ist die äußerst erfolgreiche Serie *24* mit Kiefer Sutherland, die von dem Sender Fox produziert wurde, der den Republikanern sehr nahesteht. Hier wird der Zuschauer in der Identifikation mit dem Hauptdarsteller dazu gebracht, sich von beinahe sämtlichen Werten des demokratischen Rechtsstaates und der Genfer Konvention für Menschenrechte zu verabschieden, denn es gilt jede Stunde neu, die Welt vor dem Terror zu retten – und dazu ist nun mal jedes Mittel recht, jedes!

Hybris ist damit nicht nur eine Haltung, eine einzelne Tat, eine Zerstörung von Werten, sondern ein Szenario: zur Erreichung eines Ziels – Frieden, Kampf gegen den Terror, Rettung der Welt, Wiederherstellung der Ehre – werden auf breiter Linie bislang geltende Werte missachtet. Jeder Totalitarismus hat bislang so argumentiert. Diesem einen Ziel müssen scheinbar Werte geopfert werden und Menschen sich unterordnen. Diese Ideologie wird nicht durch einzelne Protagonisten vertreten, sondern von breiten Teilen der amerikanischen Bevölkerung. So hat eine neuere Umfrage in den USA ergeben, „dass 46 Prozent der Amerikaner meinen, körperliche Misshandlung unterhalb der Schwelle zur Folter sei manchmal akzeptabel; volle 35 Prozent halten sogar richtiggehende Folter in bestimmten Fällen für angebracht" (Ignatieff). Das ist die politische Massenbasis der modernen Hybris. Die schlimmste Variante des kompletten Wertverlustes besteht allerdings in einer Haltung, die diesen Verlust nicht mehr bemerkt und schon gar nicht beklagt. Das sind dann die Schamlosesten unter den Schamlosen, kalte Menschen ohne Moral und Gewissen.

## Kein Wort über die Opfer

Im Jahre 2000 sind nach fast 40 Jahren die Gefängnisaufzeichnungen von Adolf Eichmann unter dem Titel *Götzen* herausgegeben worden. Es sind die handschriftlichen Erinnerungen Eichmanns, die er während seiner Haft in israelischen Gefängnissen bis zur Urteilsverkündung im Dezember 1961 schrieb. Eichmann war ein hochrangiger SS-Mann und einer der Hauptverantwortlichen für die millionenfache Ermordung von Juden während der Naziherrschaft. „Eichmann war es, der 1941/42 von Heydrich und dem Gestapo-Chef Müller losgeschickt wurde, um sich vor Ort, in Belzec, Chelmno, Treblinka, Minsk, Auschwitz ein Bild von den verschiedenen Massentötungsarten – Erschießen, Ersticken mit Autoabgasen oder Zyklon B – zu machen und anschließend im Reichssicherheitshauptamt zu berichten. Zu einer Zeit, in der die SS-Führung über die geeigneteste Mordvariante nachdachte, war er der wichtigste und kundigste Berichterstatter" (Wildt). Eichmann war alles andere als ein passiver Schreibtischtäter, er war sehr aktiv, viel unterwegs, flexibel, engagiert und motiviert. In einem späteren Interview bezeichnete er sich als „Meister". Seine Gefängnisaufzeichnungen umfassen 1200 Seiten und darin ist keine einzige Seite enthalten, in der er sein Bedauern oder gar Mitgefühl gegenüber den Opfern der nationalsozialistischen Massenvernichtung zum Ausdruck bringt, im Gegenteil. Er findet es nur bedauerlich, dass er in der Ausübung seiner Arbeit eingegrenzt wurde. Diese Schrift scheint Hannah Arendts These von der Banalität des Bösen vollends zu bestätigen.

Eichmann war nicht das Monster, das alle bei Prozessbeginn im Jahre 1961 erwartet hatten. Er war stets um Sachlichkeit bemüht, wollte sein Werk nicht durch Gefühle stören lassen, grenzte sich ab vom Gebrüll und den Rüpeleien der Gestapo, wollte stattdessen mit Statistiken überzeugen, was er in Bezug auf die „Frage zwischen Wirtsvolk und Gastvolk" dachte. „Wo Härte, Kälte und Distanz zu Tugenden erhoben werden, herrschen Gefühllosigkeit, Gleichgültigkeit und die Unfähigkeit zum Mitleid. Was die Lektüre von Eichmanns Götzen unerträglich werden lässt ... ist die fast autistische Selbstbespiegelung, der kalte Narzissmus, das völlige Unvermögen, einen anderen als den eigenen Standpunkt einzunehmen" (Wildt 2000). Kurz: völlige Schamlosigkeit.

Inwiefern war Eichmann narzisstisch gestört oder bedürftig? Er war ja kein brillanter Selbstdarsteller, sondern eher ruhig, unterkühlt, kaum emotional. Er repräsentiert eine Variante des gestörten Narzissmus, die sich eher durch Minderwertigkeitsgefühle auszeichnet. Insofern war er bedeutsam im deutschen Faschismus, und diese Bedeutsamkeit war es auch, die ihm nach dem Krieg fehlte, wie so vielen Deutschen. „Im Prozess kämpfte er nicht mehr um sein Leben als vielmehr um die Wiedererlangung von Bedeutsamkeit" (Wildt 2000). Und noch etwas wird am Beispiel der unerträglichen Hybris von Adolf Eichmann deutlich: dass es bei der Beurteilung des moralischen Handelns einer Person nicht um die Übereinstimmung mit den jeweils geltenden Normen oder den herrschenden Werten geht. Man habe doch nur seine Pflicht getan, die Befehle von oben ausgeführt, sei doch nur ein kleines Rädchen im großen Getriebe gewesen, das könne man doch nicht im Nachhinein verurteilen. Doch, das kann und muss man! Wenn die geltenden Normen und Werte und die herrschende Moral inhuman sind, wenn es sich um ein Unrechtsregime handelt, das mit dem eigenen Handeln unterstützt wurde, dann kann man zumindest Scham als Reaktion erwarten. Es geht nicht um die Forderung nach Zivilcourage oder gar politischem Widerstand, Heldentum kann man nicht einfordern. Aber eine Scham würde signalisieren, dass es ein Bewusstsein vom eigenen Fehlverhalten gibt und dass diese Einsicht vielleicht mit der Übernahme von Verantwortung verbunden ist. Und von dieser Scham war bei Eichmann nichts zu spüren. Er schrieb seine 1200 Seiten in Israel, im Angesicht der Opfer!

Es geht niemals um die herrschende Moral, denn die kann vollkommen unmoralisch und unmenschlich sein, sondern immer um eine humanistische Moral, in deren Mittelpunkt das Wohlergehen der Menschen stehen sollte. Das eigene Handeln sollte sich stets im Gleichklang mit einer humanistischen Ethik und nicht mit der jeweils herrschenden befinden. Und Scham braucht nur derjenige zu empfinden, der sich von einer humanistischen Ethik entfernt, eine Scham angesichts einer inhumanen Ethik ist falsche Scham.

## Lippenbekenntnisse

Mehrheiten entscheiden in Demokratien über politische Entwicklungen, aber sie sind kein Garant für richtige ethische Entscheidungen. Mehrheiten können sich täuschen, das wissen wir nicht erst seit der letzten Finanzkrise! Gerade die Geschichte der modernen Hybris ist ein Beispiel dafür, wie die Gier der Massen nach Reichtum und schnellem Geld schamlose Betrüger zu Helden der Geschichte macht. Wenn am Ende der Geschichte, nach dem größten Finanzbetrug aller Zeiten, die große Masse dem Betrüger Gier vorwirft, dann projiziert sie damit nur ihre eigene Gier. Denn die Gier der Anleger hat den Betrug erst möglich gemacht, es bedurfte nur noch eines besonders schamlosen Menschen, diese blinde Gier nach schnellem Reichtum rücksichtslos auszunutzen.

Er wurde 1938 in eine jüdische Familie in New York geboren. Bereits seine Mutter war auf dubiose Weise als Börsenmaklerin tätig, ihr sollte 1963 die Lizenz entzogen werden. In der Highschool lernte er seine spätere Frau kennen, die mit ihm zusammen eine weitverzweigte Finanzdynastie aufbaute; ihre gemeinsamen Kinder und andere Familienangehörige wurden in den späteren Betrugsskandal verwickelt. Bereits mit 22 Jahren gründete er mit 5000 Dollar, die er u. a. aus Ferienjobs als Rettungsschwimmer angespart hatte, seine erste Investmentfirma. Zuvor hatte er sein politikwissenschaftliches Studium nach drei Jahren beendet. Mit seinen späteren Firmen betätigte er sich vor allem als Broker an der Börse und als Investor. Als angesehener Finanzberater, Investor und Verwaltungsratschef der Technologiebörse Nasdaq genoss er allseits Vertrauen. Er verwaltete die Anlagegelder vermögender Kunden und einiger Hedgefonds und machte sein auf beinahe eine Milliarde Dollar geschätztes Privatvermögen mit einem finanziellen Schneeballsystem: Er versprach enorme Gewinne von 10–12 % und zahlte diese mithilfe der Investitionen der Neuanleger auch tatsächlich aus. Als einer der Investoren seine Einlagen von mehreren Milliarden Dollar einforderte, brach das System wie ein Kartenhaus zusammen. Daraufhin zeigten ihn seine eigenen Söhne an, die beide ebenso wie sein Bruder im Unternehmen mitarbeiteten. Wahrscheinlich wollten sie sich auf diese Weise von den Betrügereien ihres Vaters distanzieren und ihre eigene Unschuld signalisieren. Im Dezember 2008 wurde Bernard Madoff vom FBI verhaftet, nachdem noch im November allein aus Großbritannien 164 Millionen Dollar in sein New Yorker Imperium geflossen waren. Er hatte mehr als 40 Jahre Erfahrung an der Wall Street, und wahrscheinlich müssen viele Mitwisser und ehemalige Helfer Angst haben, dass er sein Wissen preisgibt.

Die Zahlen und Daten dieses größten globalen Finanzbetruges sind beeindruckend: Der verursachte Schaden, der Anlegern durch sein kriminelles Schneeballsystem zugefügt wurde, bemisst sich auf schätzungsweise 65 Milliarden Dollar. Geschädigt wurden weltweit mehr als 4800 Personen, die von 45.000 Anwälten aus rund 300 Anwaltskanzleien aus 21 Staaten vertreten werden. Allein die Liste dieser Geschädigten ist mehr als 160 Seiten lang. Der finanzielle Schaden nur in

Deutschland wird auf mehr als eine Milliarde Euro geschätzt. Obwohl sein Privatvermögen auf annähernd eine Milliarde Dollar geschätzt wird, sind sowohl die US-Justiz als auch die Börsenaufsicht SEC gegen eine Privatinsolvenz, weil dies das Verfahren auf Jahre verlängern würde. Die Wertpapieraufsichtsbehörde SEC hat vollkommen versagt, weil die Verflechtungen im US-Finanzsystem so eklatant sind. Junge, karriereorientierte Rechtsanwälte bei der SEC wollen später einen der gut bezahlten Jobs im Bankensektor ergattern, daher nehmen sie es nicht so genau mit der Kontrolle der Finanzgeschäfte ihrer zukünftigen Chefs.

Zu den Geschädigten gehören viele Prominente wie Steven Spielberg und Zsa Zsa Gabor. Auch der Nobelpreisträger Elie Wiesel hat einen großen Teil seines Privatvermögens verloren. Besonders verletzt und wütend ist er wegen der 15 Millionen Dollar, die seine Stiftung verloren hat, die deshalb jetzt pleite ist. Dies könne er ihm als Juden niemals verzeihen.

Heute sitzt Madoff in der Haftanstalt der Kleinstadt Butner in North Carolina. Er ist jetzt 71 Jahre alt und wurde zu 150 Jahren Gefängnis verurteilt. Sein offizieller Entlassungstermin aus der Haft ist der 14. November 2139. Dabei sind ihm schon 20 Jahre Strafminderung vorab angerechnet worden. Madoff sagte gleich zu Beginn des Prozesses, er bekenne sich in allen elf Anklagepunkten schuldig, er schäme sich für seine Verbrechen und entschuldige sich dafür. Er habe während der Jahre seines Betruges gewusst, dass alles eines Tages auffliegen und er verhaftet würde. Die geprellten Anleger und ihre Vertreter sind der Meinung, er habe diese Floskeln der Einsicht, Reue und Entschuldigung nur gebraucht, um seine Familie, die seit Jahren tief in den Betrug verwickelt ist, zu schützen. Echte Reue würde bedeuten, dass er daraus Konsequenzen ziehen und sich an der Aufklärung vieler verbleibender Fragen beteiligen würde. Sein Verhalten ist weit von Kooperation entfernt, und er schweigt zu den entscheidenden Fragen: Wer wusste außer ihm selbst von dem umfassenden Betrugssystem? Wer hat ihm dabei in welcher Funktion geholfen? Wie weit war seine Familie verstrickt? Wo befindet sich heute noch wie viel Geld aus seinem Imperium? Es ist diese mangelnde Kooperation bei der Aufklärung vieler noch offener Fragen, die sein Scham- und Schuldeingeständnis eher als Lippenbekenntnis erscheinen lässt. Noch während seines Hausarrestes hat er mehrfach versucht, Geld, Schmuck und andere Wertgegenstände aus seinem Luxusapartment zu schmuggeln.

Ist Bernard Madoff ein Monster, wie ihn Ilene Kent, die Sprecherin der Interessengemeinschaft der geschädigten Investoren, nennt? Sicher, er hat sich schamlos verhalten, indem er mit dem ihm anvertrauten Geld seinen persönlichen Gewinn gesteigert hat. Aber er hätte niemals der größte Finanzbetrüger der Geschichte werden können, wenn die Gier der Anleger nach hohen Renditen ihm nicht Milliarden Dollar in die Kassen gebracht hätte. Zudem hat die Politik ihm die Rahmenbedingungen eingeräumt, die es ihm ermöglichten, über Jahrzehnte hinweg solche Geschäfte abzuwickeln, und während dieser Zeit hat die US-Börsenaufsicht nicht nur komplett versagt, sie hat auch noch positive Berichte über sein Geschäftsgebaren veröffentlicht, sodass immer mehr Investoren ihm ihr Geld zur Verfügung stellten. Hinter Madoff standen viele korrupte Netzwerke, die sich ebenso schamlos verhalten haben wie er selbst. Deren Interesse an einer vollständigen Aufklärung des jahrelangen Betruges ist zweifellos sehr begrenzt.

Wie kommt es zu derartigen Schamlosigkeiten, von denen noch viele Beispiele berichtet werden könnten? Sind es allein die Macht und das Geld, die einen Menschen die Scham nicht mehr spüren lassen? Wie können so schamlose Menschen noch ruhig schlafen? Wie kann die Scham über Jahre hinweg einfach nicht mehr empfunden werden? Hat sie dann nie existiert, oder wird sie in den Hintergrund gedrängt? Erst wenn wir wissen, wie Scham entsteht, aus welchen Motiven sie sich entwickelt, können wir die Schamlosigkeit verstehen.

*Es liegt um uns herum*
*gar mancher Abgrund, den das Schicksal grub.*
*Doch hier in unserem Herzen ist der tiefste.*
Johann Wolfgang von Goethe,
*Torquato Tasso*

# 3. Scham und die Sehnsucht nach Liebe

Scham ist so komplex wie kein anderes menschliches Gefühl. Sie entsteht plötzlich und scheint unkontrollierbar, sie kann kaum verheimlicht werden, weil das Erröten deutlich sichtbar ist, sie taucht den, der sie empfindet, in ein heiß-kaltes Wechselbad, sie ist abhängig von der jeweiligen Situation und Beziehung, sie hat etwas mit der allgemeinen Kultur einer Zeit und Gesellschaft, aber auch der konkreten Kultiviertheit des einzelnen Menschen zu tun, sie hat viele Bezüge zu Gewissen, Moral und Schuld, sie bedarf einiger Voraussetzungen wie die Fähigkeit, sich selbst mit den Augen der anderen zu betrachten, sie ist meist gebunden an die Ideale eines Menschen, sie ist als Gefühl kaum auszuhalten und für das Sozialverhalten besonders prägend, hilfreich und lehrreich. Bei manchen Menschen entsteht sie zu früh und ist stark ausgeprägt, weil sie schon in früher Kindheit zu einer übertriebenen Scham erzogen werden, und bei manchen Menschen entwickelt sie sich viel zu wenig und bleibt vielleicht ein Leben lang unterentwickelt.

Wenn wir noch mehr über die Scham wüssten – Warum schämen sich manche Menschen zu viel und manche zu wenig? Gibt es richtige und falsche Scham, wo fängt sie an und wo hört sie auf, wann ist sie voll ausgebildet und wann unzureichend vorhanden, wie kann man sie verstehen und erklären? – dann gäbe es weniger Probleme mit der Scham. Manchmal haben es schamhafte Menschen schwer, wenn sie in einer Scham-Kultur leben, und manchmal haben sie es besonders schwer, wenn sie in einer schamlosen Kultur leben. Was sind die zentralen Aspekte der Scham, und wie wirken sie ineinander? Wann ist die Scham ein Kennzeichen einer gesunden Moral und wann Ausdruck einer Beschämung? Man kann all diese Fragen am besten beantworten, wenn man sich zunächst die Entstehung der Scham in der kindlichen Entwicklung ansieht.

## Glücksgefühle dauern nicht ewig

Die Geburt eines Kindes erfüllt die Eltern in der Regel mit großem Stolz und überschwänglichen Glückgefühlen, sodass sie von beinahe nichts anderem mehr sprechen können. Ähnlich wie frisch Verliebte sind sie für normale zwischenmenschliche Kontakte und Konversationen kaum noch zugänglich, weil sie sich für nichts anderes mehr interessieren als die kleinsten, täglichen Lebensäußerungen ihres absolut einmaligen Liebesobjekts. Nur engste Familienangehörige und junge Eltern in der gleichen Situation – oder ältere Eltern mit einem sehr guten Erinnerungsvermögen – können diesen psychischen Ausnahmezustand der kindverliebten Jungelternschaft noch halbwegs verstehen. Für das Baby ist dieser Stolz der Eltern das wahre Glück. Die meist Realität verzerrende Wahrnehmung des Babys als des schönsten, wunderbarsten, liebenswertesten, erstaunlichsten Kindes der Welt ist Ausdruck einer schier unendlichen Liebe, in der das Baby täglich badet. Hier wird das Kind idealisiert, wie es Menschen sonst nur noch in den schwärmerischen Phasen der Pubertät oder in der akuten Verliebtheit ergeht. Das Kind sonnt sich in dieser idealisierenden Liebe der Eltern und wächst und gedeiht dadurch prächtig.

Diese uneingeschränkte Schonzeit der frischen Verliebtheit kann nicht ewig dauern. Denn die Eltern haben nur eine begrenzte Fähigkeit zur Anpassung an die kindlichen Bedürfnisse, irgendwann melden sich ihre eigenen auch wieder, sowohl die individuellen als auch die partnerschaftlichen. Eltern wollen nachts schlafen und nicht spielen – wenn es geht, einige Stunden am Stück und nicht nur stückweise –, sie müssen auch wieder arbeiten gehen oder wollen mal allein sein, auch wenn es nur für wenige Minuten ist. So entstehen Erwartungen und Wünsche an das Kind, Toleranzen und Frustrationen wechseln sich ab, Liebe und Wertschätzung sind nicht mehr uneingeschränkt vorhanden. Erste für das Kind einschränkende Erfahrungen stellen sich ein: Es wird zu bestimmten Zeiten zurückgewiesen, die Eltern grenzen sich ab und sind nicht mehr allzeit verfügbar, und das Kind trifft mit seinen Wünschen auf Ablehnung.

Ein weiterer Grund für die Eingrenzung oder gar Zurückweisung der kindlichen Bedürfnisse und Wünsche sind im weitesten Sinne moralische Vorstellungen der Eltern darüber, was und wie das Kind sich verhalten sollte. Konkret werden diese moralischen Themen an den täglichen Erziehungsfragen: Darf das Kind im elterlichen Bett schlafen? Sollte man sofort auf die ersten nächtlichen Äußerungen des Kindes reagieren oder erst einmal abwarten, ob es sich wieder beruhigt, weil es nur schlecht geträumt hat? Was will das Kind, wenn es schreit? Sollte man dem Kind Grenzen setzen, oder versteht es das noch nicht? Sollte das Kind auf dem Arm einschlafen oder im eigenen Bettchen? Wie viel Körperkontakt ist gut und notwendig, und wo setzt Verwöhnung ein? Ab wann ist eine aktive Erziehung überhaupt sinnvoll und notwendig? Solche und ähnliche Fragen beschäftigen die Eltern, lassen sie Ratgeber lesen und wieder mit den eigenen Eltern reden. Sie führen zu teilweise heftigen Konflikten, weil nicht die rationalen Fragen das Thema sind, sondern eher die eigenen – bewussten und unbewussten – Kindheitserfahrungen.

Wie geht das kleine Kind mit derartigen einschränkenden Erfahrungen um, wie kann es sie emotional verarbeiten? Es lernt daraus und passt sich an, noch nicht kognitiv und rational, aber emotional und sozial! Die von den Eltern erwünschten Verhaltensweisen werden wiederholt und besonders eingesetzt, die unerwünschten werden zurückgestellt oder gar nicht mehr eingesetzt. Das noch sehr kleine Kind macht erste Erfahrungen damit, die erwünschten Seiten zu zeigen und die unerwünschten zu verbergen. Dies ist zugleich eine Spaltung in Zeigen und Verbergen, Außen und Innen, Verhalten und Erleben, Stolz und Scham. Das Kind tut alles, um die eigenen Bedürfnisse zu leben und sich dabei die Liebe der Eltern zu erhalten. Wenn es vor die Wahl gestellt wird, eigenen Interessen und Bedürfnisse zu folgen oder sich die elterliche Liebe zu bewahren, dann handelt es dabei im Extremfall sogar gegen die eigenen Interessen. Die unerwünschten Seiten des Kindes bleiben verborgen, verhüllt und versteckt, und die Scham wird seine Beschützerin. Dabei kann man noch nicht von einer ausgebildeten Scham sprechen, sondern von ersten Vorformen, die man als Protoscham bezeichnen kann (vgl. Schüttauf u. a. 2003).

## Stolz und Selbstunwirksamkeit

Sehen wir uns diesen Prozess der Entstehung der ersten Scham noch einmal aus einer anderen Perspektive an. Existenzielle Spiegelung nennt man die Erfahrung des Babys, gewünscht zu sein und so geliebt zu werden, wie es ist. Alle Äußerungen des Kindes werden begrüßt. Diese uneingeschränkte Bewunderung äußert sich im „Glanz in den Augen der Mutter" (Kohut) oder auch des Vaters. Der elterliche Stolz überträgt sich auf das sich entwickelnde Selbstwertgefühl des Kindes, sofern man zu diesem Zeitpunkt schon davon sprechen kann. Das Kind fühlt sich rundum geliebt, grundsätzlich angenommen und persönlich wertgeschätzt. Dies bleibt aber leider nicht immer so. Im Verlaufe der Entwicklung muss das Kind zunehmend auch Erfahrungen machen, die den paradiesischen Zustand relativieren. Manchmal wird es leicht getadelt oder gar zurückgewiesen. Dann ändert sich die liebevolle Tonlage, der Blick wird reglementierend oder gar strafend, und die Eltern sind nicht mehr allzeit und uneingeschränkt verfügbar. So erfährt das Kind erste kleine Momente und Situationen der Zurückweisung oder der Kritik anstelle der umfassenden Wertschätzung. Diese Erfahrungen verändern das Empfinden und Erleben des Kindes. Es beginnt, sein eigenes Verhalten auf die Antworten der Eltern einzustellen und zu differenzieren, die eigenen abgelehnten Seiten zu verbergen und die erwünschten herauszustellen. So fördert der Stolz der Eltern das Selbstwertgefühl der Kinder ebenso, wie die Ablehnungen der Eltern und die damit verbundenen Erfahrungen der Selbstunwirksamkeit erste Schamgefühle entstehen lassen. Selbstunwirksamkeit bedeutet, dass die Kinder sich mitteilen – Babytalk, Schreien, Weinen, Wimmern usw. – und diese kindlichen Signale nicht gelesen, erkannt und beantwortet werden. Das Kind bekommt dadurch das Gefühl, selbst nichts bewirken zu können. Dabei ist natürlich die vorübergehende Erfahrung der Selbstunwirksamkeit erträglich und normal, eine häufige und wiederholte dagegen unerträglich und ungewöhnlich.

Es bedarf einer gewissen elterlichen Empathie und Feinfühligkeit, um die Signale des Säuglings lesen und beantworten zu können. Und die meisten Eltern lernen sehr schnell, wie sie das Wimmern ihres Kindes nachts um vier Uhr interpretieren können. Schon auf dem Weg vom eigenen Bett zum Kinderbett gehen erfahrene und feinfühlige Eltern eine innere Checkliste durch: Kann es Hunger haben und muss gestillt werden? Hat es die Windeln voll und muss gewickelt werden? Hat es schlecht geträumt und braucht einfach nur ein paar tröstende Worte? Wenn aber diese elterlichen Reaktionen auf die kindlichen Äußerungen unterbleiben, wenn das Kind die eigenen Lebensäußerungen in Richtung der Eltern als wirkungslos erlebt, dann macht es eine für das eigene Selbstwertgefühl, die Selbstliebe oder den primären Narzissmus sehr schlechte Erfahrung, die so etwas bedeutet wie: Ich bin es nicht wert, dass meine Eltern auf mich reagieren; ich kann machen, was ich will, ich werde nicht gehört; meine Wünsche sind nicht wichtig; ich werde nicht geliebt. Das sind die Sätze eines Kindes, das noch nicht sprechen und im rationalen Sinne auch noch nicht denken kann, das aber über ein feines und differenziertes Wahrnehmungssystem verfügt, um solche sozialen Ereignisse zu erfühlen und das eigene Verhalten darauf einzustellen.

Bei diesen ersten Erfahrungen der Selbstunwirksamkeit und mangelnden Wertschätzung handelt es sich noch nicht um eine ausgebildete, reife Scham, weil diese mit der Gewissensbildung und letztlich der Herausbildung eines moralischen Systems verbunden ist, sondern um Vorformen der Scham. Vielleicht ist sogar im Fremdeln um den 8. Lebensmonat herum auch ein Anteil sehr früher Scham enthalten und erkennbar.

Wesentlich für die Entstehung der Scham bereits in ihren Vorformen ist also die frühe Erfahrung, dass bestimmte Lebensäußerungen unerwünscht sind oder gar abgelehnt werden, andere dafür mit besonderer Aufmerksamkeit und Liebe beantwortet werden. Ob dieser Prozess so aussieht, dass zunächst nur positive Wertschätzung im Vordergrund steht und negative Ablehnungen später dazukommen, oder ob beide Seiten von Beginn an vorhanden sind, ist für den Entstehungsprozess der Scham weniger bedeutsam. Wichtig ist der Grundgedanke: Die erwünschten Seiten des Säuglings oder Kleinkindes werden bestärkt und daher vermehrt eingesetzt, die unerwünschten Seiten aber versucht das Kind zu verstecken oder gar zu verhüllen, denn sie mindern die Liebe und Zuwendung der Eltern. Es entsteht eine offen gezeigte

Seite, die mit Stolz und Selbstwert verbunden ist, und eine versteckte, verhüllte Seite, die schamhaft verborgen wird. Der Stolz will etwas zeigen, sucht die Öffentlichkeit und Aufmerksamkeit, während die Scham etwas verstecken und verhüllen will.

Dabei lassen sich zwei Seiten der Scham unterscheiden. Die eine Seite der Scham bezieht sich auf die Person, vor der das Kind sich schämt, und die zweite Seite bezieht sich auf die eigene Handlung, für die sich das Kind schämt. Wenn sich beispielsweise ein kleines Kind in die Hosen gemacht hat, dann schämt es sich vor der Mutter oder dem Vater, vor der tadelnden Stimme (Musste das wieder sein?), der Zurechtweisung (Du hättest doch früher Bescheid geben können, ich habe dich noch vor ein paar Minuten gefragt, ob du auf die Toilette musst, aber da wolltest du nicht) oder gar dem Spott (Deinem Bruder wäre das nicht passiert). Diese Kommentare werden verinnerlicht, der Blick und die Tonlage werden gespeichert und zu einem inneren Szenario des Schamerlebens verarbeitet. Die zweite Seite bezieht sich auf das konkrete Verhalten, den Kontrollverlust, das eigene Missgeschick, die schmutzige Hose, die peinliche Situation der Reinigung. Wenn die Eltern dann noch mit dem Kind schimpfen, wenn es gesäubert wird, beginnt das Kind häufig zu weinen, weil es die Scham nicht mehr ertragen kann.

## Verbergen und verhüllen

Diese Spaltung in die objektive und die subjektive Seite der Scham ist nach der Erfahrung der Selbstunwirksamkeit der zweite Schritt in Richtung Schamentstehung. Sie wird notwendig, um sich vor weiteren Ablehnungen zu schützen. Zur eigentlichen Scham kommt es erst dann, wenn diese verborgenen Seiten eines Tages wieder enthüllt und den Blicken der anderen offenbart werden.

Der Ursprung der Scham ist also in gewisser Weise das Bedürfnis des Kleinkindes nach der Liebe der Eltern, das zu Beginn sogar existenziell ist. Kinder können ohne die Liebe der Eltern mit all ihren Begleiterscheinungen der Zärtlichkeit, Zuwendung und Liebkosung nicht überleben, dies haben bekannte entwicklungspsychologische Studien z. B. von René Spitz u. a. erwiesen. Kinder, die nur gepflegt und genährt werden, können aus einem chronischen Mangel an Liebe und Zuwendung sterben. Natürlich haben Wertschätzung und Liebe vielfältige Formen und Bezüge: man kann den Körper liebkosen, bestimmte Leistungen wertschätzen oder andere Verhaltensweisen ablehnen. Dies hat sicherlich auch Folgen für die Entwicklung der Scham. Sie ist von Beginn an durch eine Beziehung geprägt, und es ist kein Zufall, welche Bereiche einer Persönlichkeit betroffen sind: der Körper, die Sexualität, die Leistung, die Person, bestimmte Ansichten oder Handlungen. All dies wird wahrscheinlich früh geprägt. Gleiches gilt auch für den Stolz der Eltern. Das Kind merkt sehr genau, was diesen Stolz auslöst, und wird diese Eigenschaften kultivieren und in den Vordergrund stellen, um sich damit die Elternliebe zu sichern.

Damit haben wir die ersten wesentlichen Elemente der Schamentwicklung benannt: Wertschätzung, „primärer Narzissmus" (Freud) oder „primäre Liebe" (Balint) treffen auf erste Ablehnungen, Zurückweisungen oder Erfahrungen von Liebesentzug. Und wie reagiert das Kind? Bereits bei kleinen Kindern hat man die sogenannte „Scham-Demütigungs-Reaktion" beobachtet. Sie entsteht dann, wenn das Kind auf eine positive Bestätigung oder Rückmeldung durch die Eltern wartet, diese Reaktion aber nicht erfolgt. Dann zeigt das Kind die typischen Schamreaktionen: den Blick senken, körperlich erschlaffen und sich innerlich zurückziehen. Das Kind reagiert also niedergeschlagen, aber vielleicht liegt in der demütigen Geste auch ein Versuch, die Gunst der Eltern wiederzugewinnen? Vielleicht ist dieser Mechanismus der

Unterwerfung und Demut auch der wesentliche Grund dafür, dass die Erziehung heute noch mit Beschämung verbunden ist: Man macht sich das abhängige Kind damit gefügig.

## Anspruch und Wirklichkeit

Die Wertschätzung des Kindes ist zum einen grundsätzlich und existenziell als eine bedingungslose Liebe: Wir lieben dich, weil du unser Kind bist! Mit den Jahren wird diese Wertschätzung durch viele weitere Varianten ergänzt: Wir lieben dich, wenn du dich entsprechend unseren Vorstellungen verhältst, wenn du so denkst wie wir, wenn deine Empfindungen und Gefühle im Gleichklang sind mit unseren, kurz: wenn deine Ideale, Werte und Normen den unseren entsprechen. Diese Form der Bindung zwischen den Eltern und ihrem Kind wird in der Psychologie als Über-Ich-Bindung bezeichnet, und ihr konkreter Ausdruck ist die Loyalität.

Irgendwann hat das Kind die Normen und Gebote verinnerlicht, aus der Treue zu den Geboten der Eltern wird eine Treue zu den eigenen Idealen. Diese Ideale umfassen weit mehr als nur die elterlichen Gebote, Prinzipien oder moralischen Werte, im Laufe der Kindheit werden auch Erzieherinnen, Lehrerinnen und später Freunde und Freundinnen zu Identifikationsfiguren, deren Vorstellungen, Normen und Werte durchaus in das moralische System eines Kindes integriert werden können. Und natürlich hat das Kind auch eine eigene Individualität und macht eigene wesentliche Erfahrungen. Je vielfältiger die sozialen Beziehungen, desto reichhaltiger kann die Innerlichkeit eines Menschen gestaltet sein. Dies ist bedeutsam für Scham und Schamlosigkeit, weil bei einem ausgeprägten moralischen System nicht mehr nur die Diskrepanz zwischen äußeren Anforderungen und eigenem Handeln bedeutsam ist, sondern mehr und mehr auch die Diskrepanz zwischen dem eigenen Anspruch und der Wirklichkeit. Dies wird in der Psychoanalyse als Konflikt zwischen dem Ich und den Ich-Idealen bezeichnet, und wenn der Mensch sich in seinem Handeln von seinen eigenen Idealen entfernt hat, dann ist Scham die natürliche Reaktion.

Damit ist die Scham auch ein wichtiges Korrektiv: Sie zeigt an, wann der Mensch sich zu sehr von seinen Idealen entfernt und wie er auf den Pfad der Tugend bzw. seiner Ideale zurückkehren kann. Scham kann in vielerlei Hinsicht sehr lehrreich sein.

*Jeder ist sich selbst der Fernste.*
Friedrich Nietzsche,
*Zur Genealogie der Moral*


*Es war, als sollte ihn*
*die Scham überleben.*
Franz Kafka,
*Der Prozess*


# 4. Die Lehren der Scham

Manche Menschen schämen sich häufig, beinahe täglich, und andere fast nie. Die einen schämen sich immer wieder grundlos, die anderen hätten viele Gründe dazu und schämen sich trotzdem nicht. Einige schämen sich für ihre große Nase, ihren Körperbau, ihre Art zu sprechen, ihre peinlichen Partner, ihre großen Füße, ihre kleine Wohnung, ihre letzte Präsentation, ihr Heimatland, ihre alten Eltern, ihren komischen Gesang, ihre schlechte Performance, und andere schämen sich vor sich selbst. Männer schämen sich für andere Dinge als Frauen, Kinder anders als Erwachsene.

Zu Hause, in der Stadt, im Dorf, in der Heimat schämt man sich anders als im Ausland; wo man nicht bekannt ist, kann man sich schon mal danebenbenehmen, im Kreis der engsten Freunde ist die Scham umso größer. Im Urlaub sind meist die lieben Landsleute extrem peinlich und man versteckt sich schamhaft hinter ein paar Sätzen auf Englisch, um nicht auch als typischer Deutscher zu erscheinen, und ist es eben dadurch umso mehr.

Man schämt sich für seine Taten, für den eigenen Geruch,

für seine Fantasien oder sogar für die eigene Existenz. Manche schämen sich für das erste Mal, andere erst für das zweite Mal. Manchmal schämt man sich für ein Verhalten, und ein anderes Mal für dasselbe Verhalten überhaupt nicht. Die Scham hat viele Gesichter und kennt tausend Variationen.

## Ich wollte, dass er es weiß

Die erste und einfachste Variante der Scham nenne ich die *Alltagsscham*, weil sie alltäglich ist und jeder sie kennt. Es ist die Scham, die sich unwillkürlich einstellt, wenn man sich auf peinliche Weise verspricht, einen wichtigen Termin vergisst, sich plötzlich mitten im Meeting nicht mehr an den Namen seines Gegenübers erinnert, sich vollkommen verhört, sich in der E-Mail verschreibt oder eine bekannte Person mit falschem Namen anspricht. Dies alles sind Phänomene, die schon Sigmund Freud interessiert haben und die er als Fehlleistungen bezeichnet hat. Für ihn waren nachlassende Aufmerksamkeit, Zerstreuung oder mangelnde Konzentration keine ausreichenden Erklärungen für diese Phänomene, schon gar nicht der berühmte Zufall. „Sie sind nicht Zufälligkeiten, sondern ernsthafte seelische Akte, sie haben ihren Sinn, sie entstehen durch das Zusammenwirken – vielleicht besser: Gegeneinanderwirken zweier verschiedener Absichten" (Freud 1969, 66). In die bewussten Motive oder Absichten eines Sprechers mischen sich unbewusste, beide Motive wirken gegeneinander und bilden im Sich-Versprechen sozusagen einen Kompromiss. So sind peinliche oder gar Scham auslösende Fehlleistungen in der Regel ein Kompromiss zwischen widerstrebenden oder gar widersprüchlichen Motiven, bewussten und unbewussten.

Man kann sogar eine Fehlleistung begehen, indem man scheinbar nichts sagt oder tut. So schildert eine Frau, wie ihr Mann von ihrer geheimen Liebesaffäre erfuhr, die sie ihm selbst durch eine Fehlleistung „mitgeteilt" hatte, weil sie das Leben in der Parallelwelt langsam immer unerträglicher fand. Wie meistens in solchen Fällen wurde ihr dies aber erst im Nachhinein klar, als es schon passiert war. Seit Monaten hatte sie über das Internet eine geheime Liebschaft mit einem anderen Mann, sie verbrachte täglich mehrere Stunden damit. Eines Tages hat sie nach einem Chat das Schreibprogramm nicht beendet, sondern das Fenster nur verkleinert und nicht geschlossen und dann den Arbeitsplatz verlassen. Sie wusste, dass ihr Mann danach den Computer benutzen wollte. Er öffnete das Fenster und las unabsichtlich ihre Korrespondenz mit ihrem Liebhaber, ja er machte sich noch vorsorglich einen Ausdruck, um den Beweis sozusagen schriftlich zu haben, und stellte sie zur Rede. Sehr zu ihrem eigenen Erstaunen reagierte sie gar nicht panisch, sondern blieb ruhig, gestand die Affäre ein und gab ihm auch gleich ihre Erklärungen unaufgefordert mit dazu. „Ich war lange unzufrieden gewesen in der Beziehung zu meinem Mann, konnte mir das aber nicht eingestehen. Erst als ich diesen anderen Mann kennenlernte, wurde mir klar, was ich in meiner Ehe alles vermisste. Aber nach einigen Monaten wollte ich diese Geheimhaltung nicht mehr, ich wollte endlich offen darüber reden, diese Parallelwelten waren nicht mehr zu ertragen. Und als mein Mann dann alles gelesen hatte, war ich richtig erleichtert. Ich brauchte ihm nichts mehr zu erzählen. Dieser schreckliche Moment, in dem das Geheimnis offen wird, dieses ganze Drama wurde mir erspart. Ich war im Chat, bin dann zu einer Verabredung gegangen, er hat alles gelesen, und danach haben wir geredet, sehr lange. Dieser schreckliche Moment der Scham ist mir dadurch erspart geblieben."

Die Fehlleistung bestand darin, dass sie einerseits Angst vor der Aufdeckung des Geheimnisses hatte, dies aber andererseits wollte, weil sie ihre eheliche Beziehung ändern wollte. Sie wollte herausfinden, wie sie später in der Paartherapie sagte, ob sie nicht auch mit ihrem Mann noch eine Chance hätte, auch mit ihm mal so reden könnte, wie sie es mit ihrem geheimen Liebhaber tat. Insofern war die Fehlleistung keine wirkliche Fehlhandlung, denn sie entsprach ihren beiden Interessen: Sie sprach mit dem Liebhaber und dann mit ihrem Mann. Scham empfand sie nur noch dafür, den Umweg über den virtuellen Liebhaber gebraucht zu haben. Sie hätte sich mit ihrer Unzufriedenheit doch gleich an ihren Mann wenden können. Aber das war leichter gesagt als getan. Deshalb hielt sich die Scham auch in Grenzen, und sie betrachtete ihr eigenes Fehlverhalten mit gütiger Milde.

Alltagsscham kennen alle Menschen: Jeder und jede begeht Fehlleistungen, kleine und ernste, mit Zuschauern oder ohne. Die Betroffenen fragen sich dann immer, warum sie so blöd waren, warum sie sich nicht anders verhalten haben. Ich empfehle ihnen dann immer, sich eher zu fragen, warum sie sich so und nicht anders verhalten haben, was der mögliche Sinn ihres eigenen „blöden" Verhaltens sein könnte. Wenn sie dies verstehen, dann lernen sie eine andere Seite ihrer Person kennen, die mehr unbewusste. Und je freundlicher sie mit dieser Seite ihrer Persönlichkeit sein können, je mehr sie sich selbst verstehen und annehmen können, desto weniger Scham müssen sie empfinden. Alltagsscham birgt ein großes Potenzial an Selbsterkenntnis und zugleich die Möglichkeit, mit weniger Scham zu leben, ohne schamlos zu sein.


## Oh, bin ich blöd

„Zu Hause konnte ich alles, aber jetzt weiß ich nichts mehr!" Die Studentin sitzt vor mir in einer Prüfung und kann die einfachsten Fragen zum vereinbarten Prüfungsthema nicht beantworten. Ich kenne sie aus Seminaren und weiß, dass sie es weiß, aber sie kann es nicht sagen, und so versuche ich sie zu beruhigen, weil sie etwas sagen muss, das ich für das Protokoll verwerten kann, denn wenn sie hier und heute nichts sagt, dann kann ich ihr keine gute Note geben, und das will ich doch, denn ich weiß, dass sie es kann, und will ihr die Scham ersparen.

Es ist die *Kompetenzscham*, also die Scham, inkompetent zu sein, nichts zu wissen. Inkompetenz ist für Studierende und Lehrende einer Hochschule so ziemlich das Schlimmste. Ich führe sie langsam zurück zum Thema, und dann fällt es ihr ein. „Oh, bin ich blöd." Genau das wollte ich nicht, nun schämt sie sich doch. Ich bestehe darauf, dass sie es eigentlich doch wusste, nicht blöd ist, nur keinen Zugang zu ihren Informationen hatte. Aber sie besteht darauf, blöd zu sein. Und als ich ihr dennoch eine gute Note gebe, schämt sie sich noch einmal, weil sie diese Note nicht verdient habe. Sie kommt aus der Scham nicht heraus, egal, was sie macht, und so langsam bekomme ich den Eindruck, dass sie sich schämen will und alles dafür tut, weil sie tief in sich davon überzeugt ist, blöd zu sein, und sich hier und heute nur mal wieder die Bestätigung für ihre negativen Selbstüberzeugungen abholen wollte.

Wahrscheinlich litt die Studentin unter einem sogenannten Scham-Schuld-Dilemma. Es besteht darin, entweder Schuld oder Scham empfinden zu müssen, ohne einen anderen Ausweg zu haben. Solche Menschen können entweder Erfolg haben, indem sie beispielsweise eine Prüfung schaffen – dann empfinden sie diesen Erfolg aber zugleich als Anklage an die Eltern, die diesen akademischen Abschluss nicht erreicht haben. Wenn sie aber die Eltern nicht beschämen wollen, dann schaffen sie ihren Abschluss nicht. Sie sind gefangen in diesem Dilemma von Scham und Schuld.

Die Scham, inkompetent zu sein, kann durch alles ausgelöst werden, was man nicht weiß, aber nach den eigenen Ansprüchen oder denen anderer doch wissen sollte. Wissen Sie, wo in Ihrer Nähe der nächste Bäcker ist, das nächste Krankenhaus oder ein HNO-Arzt? Vielleicht wissen Sie es nicht, und es ist Ihnen auch nicht peinlich. Aber die Geburtstage ihrer Familienmitglieder kennen Sie schon, oder? Erinnern Sie sich noch an das Datum Ihrer Hochzeit? Als Mann wissen Sie vielleicht eher, wann Ihre nächste Autoinspektion ist, als Mutter kennen Sie eher den nächsten Untersuchungstermin beim Kinderarzt, als Tochter kennen Sie die Handynummer der Freundin, und als Sohn wissen Sie, wann das nächste Auswärtsspiel der Jugendmannschaft sein wird.

Wissen ist immer auch abhängig vom jeweiligen Lebenskontext, den wichtigsten Beziehungen und den Erwartungen, die Sie an sich haben. Während Sie im privaten Bereich vielleicht manche Dinge nicht wissen und sich deshalb auch nicht schämen, sieht es im Job schon anders aus. Da geht es weniger darum, was Ihre eigenen Maßstäbe sind, als um die Anforderungen, die an Sie gestellt werden. In der Regel sind dies keine Maßstäbe des Wissens, sondern eher des Könnens, und dabei geht es um besondere Schlüsselkompetenzen. Wenn Sie diese Kompetenzen nicht beherrschen, haben Sie nicht nur Schwierigkeiten mit Ihrer Karriere, sondern können vielleicht Ihren Job nicht halten. Jobkompetenzen sind andere als private, und wer die beiden Ebenen verwechselt und Joblösungen bei privaten Problemen anwendet, für den kann es recht peinlich werden. Wer seiner Frau effiziente Vorschläge zur Lösung der privaten Probleme macht und damit zeigt, dass er das partnerschaftliche Gespräch mit einer Projektbesprechung verwechselt, der hat allen Grund, das peinlich zu finden, vielleicht sogar sich zu schämen. Und diese Scham angesichts einer privaten Inkompetenz zur partnerschaftlichen Kommunikation und Konfliktlösung zeigt an, dass der Betroffene es gemerkt hat. Wer dieses Missverständnis nicht einmal mehr merkt, wer nicht peinlich berührt ist, der hat wirklich ein Problem. Berufliche oder private Inkompetenz ist sicherlich der häufigste Grund für Kompetenzscham.

Die Erfahrung der mangelnden Kompetenz oder Bildung kann auch für eine ganze Kultur sehr beschämend sein. So erging es vor wenigen Jahren dem „Volk der Dichter und Denker" bei der Veröffentlichung der ersten Ergebnisse der PISA-Studie. Dabei standen zwei Schlagzeilen im Vordergrund der Debatte: „Die erste lautet sinngemäß: Im internationalen Vergleich sind deutsche Schulen bzw. Schüler schwach. Sie erreichen unterdurchschnittliche oder gerade einmal durchschnittliche Leistungen in zukunftsrelevanten Kompetenzbereichen. Die zweite Schlagzeile griff ein anderes Problem auf: Das Schulsystem in Deutschland ist sozial ungerecht, denn die soziale Herkunft bestimmt, ob der Schüler ein Gymnasium besucht und mehr oder weniger starke Kompetenzen entwickelt" (Aktionsrat Bildung, 30). In dieser nüchternen Feststellung des Aktionsrats Bildung sind mehrere Seiten der Kompetenzscham angesprochen. Wir Deutschen sind nachweislich nicht so kompetent, wie wir glauben, bestenfalls noch Durchschnitt in Europa. Und – vielleicht noch schlimmer – es geht gar nicht in erster Linie um Kompetenzen in der Schule, denn unser Schulsystem ist nach der sozialen Herkunft ausgerichtet. Ist das ein Grund zur Scham? Und wenn ja, für wen? Sicher nicht für die Schülerinnen und Schüler, auch nicht für ihre Familien, und auch nicht für die Lehrerinnen und Lehrer, denn die machen nun mal ihren Job. Eher für das System Schule, das nicht fördert, sondern selektiert. Wer hat das zu verantworten, wer schämt sich und ändert dies?

Das Schulsystem ist so schön anonym. Und wenn man Bildungspolitiker direkt anspricht, reden sie gern von objektiven Zwängen. Aus der Psychologie bin ich es gewohnt, mich nicht zu fragen, warum das Leben nicht anders ist. Das ist meist eine eher müßige Frage und bringt keine neuen Erkenntnisse. Weiterführender ist dagegen die Frage, welchen Sinn es macht, dass die Dinge so sind, wie sie sind. Beantwortet man auf diese Weise die obige Frage, dann wäre der Sinn des Schulsystems nicht in erster Linie die Förderung der individuellen Kompetenzen, sondern die Selektion der Schülerinnen und Schüler nach sozialer Herkunft. Bei wem löst dieser Gedanke Scham aus? Sicher doch nur bei denjenigen, die den

Anspruch haben, es ginge um die Bildung der Kinder unabhängig von allen anderen Faktoren, wie soziale Herkunft, Religion oder Migrationshintergrund, also nur nach ihren Fähigkeiten und Begabungen. Wer diesen Anspruch als reine Ideologie ansieht, der muss sich auch nicht schämen; wer an die Ansprüche glaubt, der hat ein Problem mit der Scham.

Wie kann man mit der Scham bei Inkompetenz umgehen? Der beste Weg ist immer noch der Versuch, aus den Misserfolgen zu lernen und in Zukunft den Ansprüchen gerecht zu werden, indem man sich die fehlenden Kompetenzen erwirbt. Manchmal stellt dies allerdings eine Überforderung dar: Die Kompetenz ist nicht vorhanden und kann auch nicht erreicht werden, aber der Anspruch besteht weiterhin. Dann muss die Kompetenzscham psychisch abgewehrt werden, und dies geschieht auf zweifache Weise: durch zur Schau gestellte Gleichgültigkeit oder durch Omnipotenzansprüche. Während die betroffenen Schüler – weniger die Schülerinnen, denn es ist eher ein Problem der Jungen – mit einer scheinbaren Gleichgültigkeit reagierten (ist mir egal, hab sowieso keinen Bock), reagierte die gekränkte Kulturnation Deutschland mit einer medial inszenierten Trotzreaktion. Man begab sich allabendlich vor den Fernseher, um in vielfältigen Quizshows zu beweisen, dass wir doch schlauer sind, als alle Forscher behaupten. Fortan war man der Meinung, Bildung sei die Fähigkeit, die absurdesten Fragen im Multiple-Choice-Test zu beantworten. Aber Bildung ist nicht die Fähigkeit, ein Kreuzworträtsel zu lösen. Wenn man mit der Mehrheit des deutschen Volkes und vor allem Hape Kerkeling der Meinung ist: „Das ganze Leben ist ein Quiz, und wir sind nur die Kandidaten", dann würde es reichen, Wörterbücher und Lexika zu lesen. Aber das Kurzzeitgedächtnis mit Daten zu füttern ist keine Bildung, bestenfalls eine Sachbildung, in der uns die modernen Computer haushoch überlegen sind. Bildung ist ein Suchen, und die Momente des Findens sind seltene Sternstunden. Die Basis des Suchens ist die

Neugier. Der größte Fehler des Schulsystems bestand schon immer darin, die kindliche Neugier zu bremsen, zu kanalisieren und in ritualisierter Form in der Schule systematisch abzutöten. Das Ergebnis sind Vergleichsnoten, Vergleichsstandards und Standardschüler. Individualität, Kreativität, Spontaneität, Querdenken werden zu Störfaktoren eines pädagogischen Betriebes. Bildung ist ein Suchen, eine Neugier, ein Interesse an anderen Menschen, der Welt und sich selbst. Bevor wir also daran gehen, Bildung auszubauen und zu reformieren, sollten wir uns über die Frage verständigen, was Bildung ist und wie sie zu fördern ist.

Kompetenz kann nicht nur im Sinne von Wissen oder Können verstanden werden, sondern auch als eine menschliche, gar kulturelle Kompetenz. Man weiß sich zu benehmen und in Gesellschaft die richtigen Themen anzusprechen, weiß, wie man Austern schlürft oder Hummer knackt, welchen Wein man zu einem Essen trinkt, dass der Herr in Begleitung einer Dame als Erster die Treppe heruntergeht, damit sie weicher fällt, falls sie einmal stolpern sollte, man kennt die richtigen Schlachtrufe für die Fankurve und weiß, in welcher Reihenfolge man sich in einem 5-Sterne-Restaurant durch das Besteck und die Gläser hindurcharbeitet. Wer diese und einige hundert weitere Fragen nicht richtig beantworten kann, gilt an speziellen Orten und in besonderen Kreisen auch als inkompetent und hat mit der Scham zu kämpfen. Dies alles berührt eine wesentliche Frage der Scham. Will man dies alles wissen und können, um sich niemals zu blamieren, oder riskiert man, bestimmte Dinge im Leben gar nicht können zu wollen? Es soll Menschen mit einem gesunden Selbstbewusstsein geben, die sich dafür entscheiden, viele Fragen der Etikette beispielsweise nicht beherrschen zu müssen, die sich sozusagen zu ihrer teilweisen Inkompetenz bekennen. Kompetenzscham ist also gebunden an die eigenen Ansprüche, und wer diese nicht hat, der schämt sich auch nicht. Manchmal zu Recht.

Es gibt noch eine weitere Variante der Kompetenzscham, die bei Verlusten der persönlichen Kontrolle entsteht. Der hörbare Kontrollverlust des Schließmuskels etwa, der den Furz lautstark entweichen lässt, wird selbst im engsten, intimen Familienkreise nicht gern gehört. Lautes Lachen an der falschen Stelle, wobei sich alle Blicke der anderen auf einen richten, kann ebenfalls sehr peinlich sein. Das Anschreien des geliebten Partners oder der Kinder, das Weinen in der Öffentlichkeit, ein Sich-Übergeben auf der Tanzfläche bei einer Party oder eine sexuelle Hemmungslosigkeit zur falschen Zeit mit dem falschen Partner sind peinliche und mit Scham verbundene Kontrollverluste, die mit den eigenen Ansprüchen kaum vereinbar sind. Bei solchen Kontrollverlusten wird deutlich, welch wichtige Funktion die Scham für das soziale Verhalten der Menschen hat. Sie verhindert, dass man sich rücksichtslos, egoistisch, maßlos, inkompetent, ungerecht oder einfach nur unmöglich benimmt.

## Er hat sein wahres Gesicht gezeigt!

Kontrollverluste sind manchmal besonders schmerzlich, weil darin für alle offenbar geworden ist, wozu man fähig ist. Diese schmerzliche Erkenntnis hat zwei Seiten, eine nach außen zu den Mitmenschen und eine nach innen zu sich selbst. Der Ruf bei den Mitmenschen mag durch den Kontrollverlust gelitten haben – aber wie geht man mit dem lädierten Selbstbild um?

Die Scham zeigt uns auch an, wie wir nicht sein möchten und wie wir es schaffen können, uns nah an unserem Ideal zu verhalten. Dies ist die *Idealitätsscham*. Sie kennzeichnet den innerseelischen Konflikt zwischen den Ich-Idealen einerseits und dem Ich oder dem Selbst andererseits. Wir alle haben Vorstellungen davon, wie wir sein möchten, sogenannte Ich-Ideale. Sie wirken sich in der Regel sehr positiv auf unsere Persönlichkeit aus, weil sie Anreize, Vorbilder, Ideale darstellen, an denen wir uns orientieren und denen wir nacheifern. Wenn diese Ich-Ideale zu weit von unserer Realität entfernt sind, wenn die Diskrepanz zwischen Ich-Idealen und Ich zu groß wird, weil wir in unserer Lebenswirklichkeit den Idealen nicht entsprechen, sie missachten oder verletzen, dann ist Scham die wahrscheinlichste Reaktion. Dann schämen wir uns, weil wir nicht so sind, wie wir sein möchten. Idealitätsscham ist also eine Art Warnsignal, wenn wir uns in unserem Denken und Handeln zu weit von unseren Idealen entfernen.

Durch die Idealitätsscham erfährt die selbstsichere Frau, zu welch zickigem Verhalten die Rivalität sie treiben kann, wenn sie der Konkurrentin begegnet. So berichtet mir eine Frau, sie sei völlig ausgerastet, habe die Konkurrentin („diese Schlampe") mitten in der Einkaufsstraße angebrüllt, sie dann noch an den Haaren gezogen und ihr gedroht. Im Nachhinein war ihr das total peinlich, andererseits war sie aber auch stolz auf sich, denn sie habe damit gezeigt, dass sie nicht alles mit sich machen lasse. Und ein besonnener Mann, der sich bislang jeder Situation gewachsen fühlte, erfährt im Arbeitsstress, wie wenig er sich unter Kontrolle hat. So berichtet ein Klient: „Neulich bin ich ausgerastet. Ich war total im Stress, hatte noch mehrere Kundentermine, die ich an dem Tag gar nicht mehr schaffen konnte, war mindestens drei Stunden hinter meinem Zeitplan, in meinem Büro wartete auch noch Arbeit auf mich, und dann ruft mich meine Frau im Auto an und fragt, ob wir heute Abend ins Kino gehen. Ich fuhr gerade durch die norddeutsche Pampa, es regnete, ich wusste, dass ich das Tagespensum nicht schaffen würde und musste nach meiner Rückkehr abends eigentlich noch mal ins Büro, und dann fragt sie mich, ob ich mit ihr ins Kino gehe. Ich habe ihr gesagt: Schatz, das kann ich dir nicht versprechen, ich habe noch höllisch viel zu tun. Und dann hat sie gesagt, ich sei ja mit meiner Arbeit verheiratet, die Kinder würden mich bald auch nicht mehr kennen, abends käme ich immer erst nach Hause, wenn sie schon im Bett sind, und am Wochenende müsste ich auch noch arbeiten. Es kam dieser ganze Schwall an Vorwürfen, und deshalb bin ich ausgerastet, hab' sie angebrüllt, was ihr einfällt, ob sie glaubt, dass ich hier zu meinem Vergnügen durch die Pampa fahre und diese nervtötenden Kundentermine wahrnehme. Na ja, dann sind da noch ein paar Sätze gefallen, die ich besser nicht gesagt hätte. Nach dem Streit bin ich auf einen Parkplatz am Supermarkt gefahren, hab' den Motor ausgestellt und auf das Lenkrad eingeschlagen, bis mir die rechte Hand wehtat. Und dann sind mir die Sätze durch den Kopf gegangen, die ich ihr gesagt habe und die mir jetzt leidtun."

Der Mann schämt sich, und dieses Gefühl kann er kaum aushalten. Wir haben darüber gesprochen, wie er mit diesem Erlebnis umgehen und was er tun kann. Er hat sich bei seiner Frau in aller Form mit Blumen entschuldigt, und sie hat die Entschuldigung noch einmal angenommen. Er hat mir die Sätze gesagt, aber ich gebe sie hier nicht wieder, denn das wäre mir peinlich. Weitreichender waren die Folgen für sein Selbstbild. Denn er war strenger mit sich selbst als seine Frau mit ihm. Er sagte, er habe sich selbst nicht wiedererkannt, als er so ausrastete. Das sei ihm so noch nie passiert. Er musste sein Selbstbild mehr seiner eigenen Realität anpassen, seine Ansprüche an sich selbst reduzieren, und das fiel ihm schwer. Er hatte einen Vater gehabt, der sehr jähzornig gewesen war, und bislang hatte er sich immer als ein besserer Mann und Vater gefühlt, weil er noch nie so ausgerastet war wie sein Vater. Nun musste er der Realität ins Auge sehen. Wir einigten uns auf folgende freundliche Erkenntnis: Unter Stress mal auszurasten ist menschlich, und man kann sich dafür entschuldigen. Sein Vater war immer wieder ausgerastet, hatte die Familie mit seinem Jähzorn beherrscht, und vor allem hatte er sich nie dafür entschuldigt. Das machte den wichtigen Unterschied aus. Er war zwar der Sohn seines Vaters und hatte seine viel zu große Nase, aber er war nicht so jähzornig wie sein Vater, er war einfach nur mal unter Stress ausgerastet und hatte sich dafür entschuldigt, weil er sich schämte.

Die Scham dieses Mannes kann man auch Gewissensscham oder Über-Ich-Scham nennen. Das Über-Ich ist sozusagen die moralische Instanz eines Menschen, in der seine Ideale, sein Gewissen und all seine verinnerlichten Normen, Regeln und Werte enthalten sind. Dazu gehört beispielsweise auch, dass man anvertraute Geheimnisse nicht weitererzählt. Diese Scham ist ein soziales Warnsignal mit dem Ziel, Fehler im Umgang mit anderen künftig zu vermeiden und bei Fehlverhalten die persönliche Verantwortung zu übernehmen. Der Mann hatte sehr hohe Ansprüche, und ich musste in den Gesprächen mit ihm manchmal an Hegel denken, für den jeder Mensch genügende Gründe zur Scham hat. Denn jeder Mensch sei begrenzt in seinen Möglichkeiten und seinem Leben und sei weit entfernt vom Ideal der Vollkommenheit. Ich glaube nicht, dass wir anstreben sollten, vollkommen zu sein: Mitfühlend, respektvoll und menschlich zu sein reicht schon aus.

Eine besonders menschliche Variante der Idealitätsscham ist die empathische Scham. Sie ist gleichsam die Verlängerung der Gewissensscham in den sozialen, kulturellen und politischen Raum hinein. Man schämt sich für kulturelle Katastrophen, wie Landsleute im Urlaub, Bettler in der Einkaufsstraße der eigenen Stadt, peinliche Äußerungen deutscher Politiker, die Behandlung von alten Menschen in Pflegeheimen. Dabei geht es auch um Solidarität und Loyalität. Diese Variante der Scham kann man nur empfinden, wenn man sich mit kulturellen und sozialen Aspekten identifiziert, die über den eigenen individuellen Rahmen hinausgehen. Man ist empathisch mit anderen Mitmenschen, fühlt sich in sie hinein, macht ihr Schicksal auch zu einem Teil zum eigenen. Diese Art der Scham ist heute sehr anstrengend, wenn man sie empfindet, weil es so viele Anlässe für sie gibt. Sie hat etwas Grundsätzliches mit Nächstenliebe zu tun.

# Die Scham, in der Sehnsucht erkannt zu werden

*Als ich Nick kennen lernte, war ich mir relativ schnell sicher: Der ist es! Es war einfach zu schön, um wahr zu sein. Ich meine, wann trifft man schon einen gut aussehenden Mann so Anfang, Mitte 30, der gebildet ist, einen interessanten Job hat, mit dem man gut reden kann, der sexuell nicht gestört ist, der gerade frei ist und der auch noch Humor hat? Ich sage Ihnen, Nick war ein absoluter Glücksfall. Und dann, so nach sieben Wochen, war wieder alles vorbei. Ich fasse es heute noch nicht, wie das wieder passieren konnte.*

Und wie ist es passiert?

*Na ja, wir haben uns im Frühjahr auf der Party einer Freundin kennengelernt, und ich hatte meinen Sommerurlaub noch nicht geplant. Ein paar Wochen später waren wir bei mir, und ich hatte überall Ausdrucke von Angeboten aus dem Internet herumliegen, und dann habe ich ihn spontan gefragt, ob wir nicht zusammen fahren wollen. Ich weiß, das war noch viel zu früh, einfach blöd von mir, aber ich bin einfach meinem Gefühl gefolgt, und das hat er dann zerstört.*

Wie hat er denn reagiert?

*Sehr zurückhaltend. Er wisse noch nicht, wohin er im Sommer in den Urlaub wolle, vielleicht fahre er auch mit einem Freund weg, es gebe da so eine lockere Planung. Er hat sich einfach nicht gefreut. Ich kam mir total blöd vor, richtig wie stehen gelassen und nicht abgeholt.*

War Ihnen das peinlich? Haben Sie sich geschämt, weil Sie so schnell waren?

*Ja, aber nur hinterher. Ich meine, hätte er anders reagiert, irgendwie offener, aber er hat mich gekränkt, das war eine klare Zurückweisung.*

Wie hätten Sie denn reagiert, wenn er sofort darauf eingegangen wäre?

*Na ja, einerseits hätte ich das toll gefunden, das hätte mir die Kränkung durch die Zurückweisung erspart, aber andererseits hät-*

*te ich mich auch gewundert. Vielleicht hätte ich dann sogar selbst einen Rückzieher gemacht, es war ja wirklich noch sehr früh in der Beziehung für einen gemeinsamen Urlaub.*

Sie haben Ihre große Sehnsucht gespürt, mit Nick zusammen zu sein und die Beziehung fester zu gestalten. Und dann hatten Sie bei seiner Reaktion das Gefühl einer unerwiderten Liebe?

*Ja, genau, ich wollte, aber er mal wieder nicht. Warum sind Männer immer nur wie streunende Hunde, ohne Verbindlichkeit?*

Na ja, Sie haben es ja gesagt, es war vielleicht einfach noch zu früh für eine gemeinsame Urlaubsplanung. Er war vielleicht nur vorsichtig.

*Sie sind eben auch nur ein Mann, Sie können das nicht verstehen. (Sie beginnt zu weinen.) Ich wollte so gerne mit ihm zusammen sein. Was ist denn so schlimm daran, mal zu fragen? Ich wollte vielleicht zu schnell zu viel. Und dann habe ich es wieder vermasselt.*

Manchmal entsteht eine Scham, weil man sich in eine Liebesbeziehung hineinstürzt, sich „Hals über Kopf" verliebt und dann der Partner das Gefühl nicht erwidert. Die Frau spürte ihre tiefe Sehnsucht nach emotionaler Nähe und tiefer Bindung, zeigte sie versteckt in ihrer „spontanen Idee, vielleicht zusammen in den Urlaub zu fahren", und fühlte sich dann ertappt dabei. Nicht die Zurückweisung ihrer spontanen Idee war das Problem. Es war die Scham, in ihren Sehnsüchten erkannt zu werden. Ihr Freund Nick hätte ihre aufkommende Scham spüren können und vielleicht empathischer damit umgehen können. Da er sie aber noch kaum kannte, hat er sich vorsichtig geäußert. Im Angesicht ihrer Scham empfand sie dies als Kränkung und Zurückweisung, warf ihn aus der Wohnung und hat seither nicht mehr auf seine Anrufe reagiert. Sie schämt sich, ihre Sehnsüchte und Abhängigkeitswünsche so offen gezeigt zu haben, und trennt sich dann lieber, um sich innerlich wieder zu stabilisieren. Sie fühlt sich verlassen, obwohl sie ihn rausgeschmissen hat. Sie fühlt sich zurückgewiesen durch seine unerwiderte Liebe. Und sie versucht, ihre eigene Autonomie wiederzuerlangen, indem sie ihn verlässt und hinausschmeißt. Sie leidet unter den Folgen einer sozialen Scham.

Sie hatte vor Jahren schon einmal eine ähnliche Situation. Sie war mit ihrem damaligen Partner schon zusammengezogen und sie hatten sogar schon über gemeinsame Kinder gesprochen. Sie hatte sich die Beziehung sehr gewünscht und sie dann plötzlich wieder verloren. Dies hat sie bis heute noch nicht überwunden. Es ist eine alte Angst, verlassen zu werden, die sie seit ihrer Kindheit durch die Trennung ihrer Eltern kennt, und heute ist sie so weit, dass sie selber lieber aktiv den Partner verlässt, bevor sie wieder verlassen wird. „Noch einmal überlebe ich das nicht." Das war ihr Kommentar. Sie hat starke Sehnsüchte, aber beim kleinsten Anzeichen, dass ihre Liebe nicht mindestens genauso erwidert wird, verlässt sie den Partner. Damit wehrt sie die neuerliche Angst vor dem Verlassenwerden ab, aber auch ihre Scham darüber, in ihrer Sehnsucht erkannt worden zu sein. Es wäre schön, wenn sie zunächst sich selbst und dann auch Nick ihre Scham eingestehen könnte, dann hätten die beiden vielleicht noch eine Chance. Wir arbeiten daran, und ich hoffe, Nick wartet noch ein wenig.

## Angst vor dem Ausschluss

Eine besondere Variante der sozialen Scham ist die sogenannte *Anpassungsscham*. Im Zentrum dieser Scham steht eine Angst vor sozialem Ausschluss aus der Gemeinschaft: der Familie, der Lebensgemeinschaft, dem Freundeskreis oder der Gemeinde. Eine solche Scham entsteht, wenn Menschen sich zu sehr von der Gemeinschaft entfernen, indem sie ihre Regeln, Normen oder Werte missachten oder gar verletzen. Daher müsste sie besser Abgrenzungsscham heißen, weil sie nicht bei Anpassung, sondern bei Abgrenzung entsteht.

Diese Scham betrifft eine existenzielle Seite des Menschen. Wir sind soziale Wesen, die nur in der Gemeinschaft überlebensfähig sind und die andere menschliche Wesen brauchen, um ihre Grundbedürfnisse zu befriedigen. Dies betrifft nicht nur Nahrung, Wohnung und Kleidung, sondern vor allem auch das Bedürfnis nach menschlicher Nähe, Zärtlichkeit, Liebe. Insofern würde ein Ausschluss aus der Gemeinschaft eine Art sozialen Tod bedeuten. Diese existenzielle Angst des Menschen führt zu Anpassungsleistungen, die ein besseres Wohlergehen eines Menschen in der Gemeinschaft sichern und ihn zugleich vor einem Ausschluss bewahren sollen.

In jeder Gemeinschaft und Kultur gibt es Hunderte von Regeln, Normen und Werten, die beachtet werden müssen, wenn man geachtet oder gar geliebt werden will, und deren Verletzung, je nach ihrer Bedeutung, mit Sanktionen verbunden ist. Es sind Tischregeln, Kommunikationsregeln, Regeln für die Arbeit, die Schule oder die Freizeit, Beziehungsregeln, Streitregeln, Regeln für Männer, Frauen, Kinder oder Eltern, Regeln für gutes Benehmen und gegen schlechte Manieren usw. Sie sichern das Überleben der Gemeinschaft und sind in den meisten Kulturen sehr bedeutsam. Nur in den sogenannten westlichen Kulturen wird die Freiheit des Individuums höher bewertet als der Zusammenhalt der Gemeinschaft.

Wenn die Regeln, Normen und Werte einer Kultur oder Gemeinschaft verletzt werden, dann reichen die Reaktionen von einfacher Lächerlichkeit oder kurzer Peinlichkeit bis zu tiefer Scham. Eine solche soziale Scham empfinden sogar diejenigen, die an ihrer Randständigkeit in Bezug auf die Gemeinschaft keinerlei Schuld tragen. Arbeitslose schämen sich dafür, nicht mehr zur Gemeinschaft der arbeitenden Bevölkerung zu gehören, Familien mit Migrationshintergrund für ihre ethnische Herkunft, Alleinerziehende für ihren Familienstatus, psychisch Kranke für ihre Krankheit, behinderte Menschen für ihre Behinderung und die Kinder all dieser Familien für ihre Eltern. Die soziale Logik ist brutal und ungerecht, sie fragt nicht nach den Hintergründen einer sozialen Randständigkeit, sondern sanktioniert die Leidenden ein zweites Mal nach der Ausgrenzung durch eine soziale Scham. Auch eine ganze Gemeinschaft kann in ihren Grundregeln schamlos sein!

Für die Mitglieder einer Gemeinschaft folgt daraus, dass sie beinahe alles tun, um einen sozialen Ausschluss zu verhindern. Dies bedeutet in erster Linie Anpassung an die sozialen Regeln, Normen und Werte, also Unterordnung oder sogar Verschweigen der Arbeitslosigkeit, Krankheit oder Behinderung. Wie weit darf eine solche soziale Anpassung gehen? Sie kann die Menschen auch verbiegen, sodass sie sich selber verlieren, sich selbst nicht mehr treu sind.

Eine solche Anpassungsscham bezieht sich nicht nur auf eine Kultur, sondern auch auf verschiedene Subkulturen, die sehr unterschiedliche oder gar widersprüchliche Regeln und Normen haben können. So kann man mit einem Verhalten, das den Normen der einen Subkultur entspricht, gleichzeitig signalisieren, dass man zu keiner anderen gehören möchte. Dies ist in der Jugendzeit die Regel. So können Jugendliche mit einem bestimmten Outfit, einer kunstvollen Haartracht, dem öffentlichen Konsum besonderer Suchtstoffe und auch einer gewählten Sprache deutlich machen, dass sie zueinander gehören und mit anderen Menschen wenig zu tun haben wollen. Dann bezieht sich die Angst vor sozialem Ausschluss auf ihre ganz besondere Subkultur und zugleich überwinden sie damit die Angst, aus der großen Gemeinschaft der angepassten Spießbürger ausgeschlossen zu werden. Scham tritt eher dann auf, wenn sich ein Reggae-Fan in dem Outfit eines Bankangestellten zeigen müsste. Man kann aber auch Angehöriger mehrerer Subkulturen gleichzeitig sein. Insofern hat die Entstehung der Scham aus Angst vor sozialem Ausschluss auch immer etwas mit den jeweiligen Toleranzen zu tun: Je toleranter die Gemeinschaft ist, je flexibler sie mit ihren eigenen Regeln und Normen verfahren kann, desto weniger Scham entsteht. Und je intoleranter die Ideologie einer Gruppe ist, je weniger Abweichungen sie von den eigenen Regeln und Normen duldet, desto stärker ist die Scham. Manchmal kann der drohende soziale Ausschluss sogar dazu führen, dass Menschen sich existenziell schämen.

## Mein Leben ist Scham

Alle Menschen brauchen das Gefühl, geliebt zu werden. Aus der Liebe entsteht eine existenzielle Bestätigung, die durch nichts ersetzt werden kann. Von Augustinus soll der Satz stammen: „Liebe heißt: Ich will, dass du bist." Er geht wahrscheinlich zurück auf eine Bemerkung von Aristoteles in der *Nikomachischen Ethik*: „Als Freund gilt, wer das Dasein und Leben des Freundes um seinetwegen will, was mit dem Gefühl der Mutter gegenüber dem Kinde vergleichbar ist" (zit. nach Wurmser 2007, 481). Liebe ist der Kern der existenziellen Bestätigung eines anderen Menschen. Umgekehrt gilt leider: Wer nicht grundsätzlich geliebt wird, der erlebt sich als nicht gewollt, der ringt um seine Existenzberechtigung, vielleicht sogar sein Leben lang. Und er hat in Krisen schnell wieder das Gefühl, dass es sowohl für andere als auch für sich selbst besser wäre, wenn er nicht leben würde. Dieses Gefühl kann auch mit suizidalen Fantasien oder Handlungen verbunden sein.

So berichtet ein Klient, der in seiner Firma als Workaholic bekannt ist, wie er im grenzenlosen Arbeiten eine Möglichkeit gefunden habe, sich einfach unentbehrlich zu machen und damit seinem Dasein eine Bedeutung zu geben. „Ich habe von anderen Menschen noch nie das Gefühl bekommen, dass es gut ist, dass ich lebe, am wenigsten von meinen Eltern. Meine Mutter hat mich immer als Unfall bezeichnet, und mein Vater ist gegangen, bevor ich geboren wurde. Meine Mutter hat mich früh abgegeben an ihre Mutter, weil sie arbeiten musste. Als meine Oma mich nicht mehr so richtig versorgen konnte, wurde ich zu meiner Tante gegeben, die ich als meine eigentliche Mutter ansehe. Als es bei ihr auch nicht mehr ging, hat meine Mutter mich wieder zu sich genommen, aber da hab' ich nur gestört, weil sie einen neuen Mann und auch ein Kind mit ihm hatte. Ich hatte immer das Gefühl, eine Last zu sein, dass es allen anderen besser gehen würde, wenn ich nicht da wäre. Mit elf Jahren bin ich dann in ein Heim gekommen, weil ich so schwierig wurde. Irgendwie kam meine Mutter nicht mehr klar mit mir. In dem Heim habe ich zum ersten Mal versucht, mich umzubringen. Danach hat sich ein Lehrer um mich gekümmert, und das hat mir das Leben gerettet. Nach dem Heim habe ich eine Lehre angefangen und immer viel gearbeitet. Ich wollte den Stolz der anderen spüren, das war dann wie ein Lebensnektar für mich. Auch danach habe ich durch meine Arbeit immer versucht, mir selbst und anderen zu beweisen, dass es gut ist, dass ich lebe. Ich habe geackert wie blöde, 60–70 Stunden in der Woche waren normal. Ich habe unser Plansoll in der Firma immer übererfüllt. Und wenn dann mein Chef sagte, die Firma sei stolz auf meine Leistung, dann hat mich das für alles Schuften entschädigt. Auf die letzte versprochene Gehaltserhöhung warte ich bis heute. Von meiner Frau wollte ich dann immer hören, dass sie ohne mich nicht leben kann. Und ich war rasend eifersüchtig. Schon ein Blick von ihr zu einem anderen Mann hat für mich die ganze Beziehung infrage gestellt. Es wäre gut, wenn ich mir selbst einen Lebenssinn geben könnte, aber ich weiß nicht welchen und wie das geht. Irgendwie habe ich mich immer dafür geschämt, überhaupt da zu sein." Der Mann ist voller Defizitgefühle und Verlustängste, mit denen er täglich auf sehr anstrengende Weise leben muss. Seine mangelnde Selbstliebe – als Folge einer fehlenden existenziellen Spiegelung und Liebe durch die primären Bezugspersonen – ist mit einer existenziellen Scham verbunden, die sehr quälend sein kann. Er schämt sich dafür, auf der Welt zu sein, zu leben. Da aber jede neue Liebe in sich das Potenzial zur Korrektur alter Liebeserfahrungen in sich birgt, hat er in seiner neuen Liebe zu seiner Frau einen Weg gefunden, sich selbst und damit sein Leben langsam immer mehr anzunehmen.

Es gibt aber auch leichtere Varianten der existenziellen Scham, die sich nicht auf die gesamte Existenz eines Menschen beziehen, sondern auf einzelne Aspekte. Solche Menschen haben einen Makel. Philip Roth hat zu dem Thema ein wunderbar-schreckliches Buch geschrieben: *Der menschliche Makel.* Darin leidet der Protagonist Coleman Silk unter seiner dunklen Hautfarbe und beschließt eines Tages, diesen Makel abzulegen und sich auf diese Weise von ihm zu befreien und sich zugleich selbst neu zu erfinden. Er gibt bei der Registrierung zur Armee bei der Frage nach der Hautfarbe „weiß" an. Er kann die existenzielle Scham über den Makel seiner Hautfarbe nur überwinden, indem er sich eine neue Existenz gibt.

Der menschliche Makel und die damit verbundene existenzielle Scham kann sich auf viele Aspekte beziehen: einzelne Körperteile, das falsche Geschlecht, die falsche Hautfarbe, körperliche oder geistige Behinderungen oder auch nur den falschen Zeitpunkt der Geburt. Was falsch ist, wird durch die jeweiligen Erwartungen der Eltern definiert, das Kind hat da nichts mitzureden. Hoffnungen und Wünsche verbunden mit Machbarkeitsversprechen führen dazu, dass man sich heute nicht mehr nur ein Kind wünscht, sondern es soll zeitlich in die Karriereplanung passen, es soll dann kommen, wenn das Zeitfenster dafür geöffnet ist. Vielleicht ermöglicht es die Humangenetik in Zukunft, dass man auch das Geschlecht, die Größe, die Haar- und Augenfarbe wählen kann; dass das Kind keinerlei Gebrechen, Behinderungen oder Krankheiten haben sollte, versteht sich von selbst. Es sollte eben makellos sein. Dazu sollte es möglichst pflegeleicht sein, schon früh durchschlafen, wenig schreien, freundlich sein, auch wenn die Eltern im Dauerstress sind, also kurz: Das Kind sollte die Wünsche der Erwachsenen erfüllen und nicht umgekehrt. Es sollte eine umfassende narzisstische Bestätigung für die Eltern sein. Sollte dies nicht möglich sein, dann entsteht eben beim Kind schon früh das Gefühl, einen Makel zu haben, nicht umfassend existenziell gespiegelt zu werden, nicht bedingungslos geliebt zu werden und sich die Liebe der Eltern durch eigenes Wohlverhalten verdienen zu müssen, gleichzeitig aber dadurch den Makel niemals wirklich überwinden zu können. Der Makel löst die Scham aus – und mit beidem muss der Mensch leben. Auch dies ist eine Variante der Kultur der Schamlosigkeit, denn nicht der kranke oder behinderte Mensch sollte sich schämen, sondern die Gesellschaft für die beschämende Behandlung solcher Menschen.

Die wahrscheinlich häufigste und zugleich schrecklichste Form der existenziellen Scham ist die traumatische Scham. Sie entsteht bei aktiver Demütigung durch andere, wie bei Folter, Bloßstellung, Vergewaltigung, Entwürdigung oder auch sexuellem Missbrauch. Dabei wird den Opfern die menschliche Würde genommen. So geraten sexuell missbrauchte Kinder in ein besonderes „Schamdilemma" (Wurmser), aus dem sie kaum noch herauskommen. Die durchschnittliche Dauer eines innerfamiliären sexuellen Missbrauchs, des sogenannten Inzests, beträgt 4–5 Jahre. Am Anfang schämen sich die Kinder für das erste Mal, für die Gewalt und den Vertrauensbruch, aber alle weiteren Male auch dafür, dass sie weiterhin mitmachen, auch wenn sie sich wehren sollten. Sie beginnen sich vor sich selbst zu ekeln und zu schämen. Sie verinnerlichen die Scham auf eine grausame und selbstdestruktive Weise. Und wie so häufig bei traumatischen Erfahrungen sind nicht die traumatischen Momente so sehr das Problem, als vielmehr die Folgewirkungen: der Selbstekel, die Scham, die Selbstzweifel, die Schuldgefühle. Darüber hinaus übernehmen sie meist auch noch die Scham des Täters, denn dieser ist zur Scham unfähig.

Dies ist eine extreme Variante der Scham, die mit der schrecklichsten Form der Gewalt und Entwürdigung verbunden ist. Es gibt aber auch eine Form der existenziellen Scham, die beinahe alltäglich ist und von vielen Menschen in intimen Beziehungen bei starken emotionalen Konflikten praktiziert wird: das „Löschen". Dabei wird der andere Mensch einfach nicht mehr wahrgenommen, so als sei er nicht mehr existent. Dann werden die Äußerungen des anderen ignoriert, er ist einer Antwort nicht mehr würdig, und er wird auch nicht mehr angesprochen. Ein Beispiel dafür ist das „Wegklicken" im Internet, bei dem man durch einen einzigen Mausklick den Kontakt abbrechen kann und damit bei dem anderen das Gefühl hinterlässt, unerwünscht zu sein. Manchmal behandeln sich Menschen auf diese brutale löschende Weise, wenn sie schwer gekränkt und absichtlich geschädigt worden sind und eine unglaubliche Wut verspüren. Dann ist dieses Löschen ein Schutzmechanismus dagegen, die Wut rauszulassen und zu explodieren. Man schützt sich selbst davor, die Wut ganz rauszulassen, und man schützt den anderen Menschen davor, von dieser unglaublichen Wut getroffen zu werden. Solch ein Löschen dauert meist nur so lange, wie die massive Wut oder der Konflikt anhält. Erwachsene können mit solchen aggressiven Erfahrungen noch eher umgehen als Kinder. Je kleiner sie sind, desto weniger können sie sich verbal zur Wehr setzen und die Erfahrungen emotional und kognitiv verarbeiten – und desto massiver sind die beschämenden Folgen der Erfahrung, von den wichtigsten Menschen gelöscht zu werden.

Wie kann ein Mensch, der eine existenzielle Scham empfindet, mit ihr umgehen? Theoretisch am ehesten durch eine weitgehende Bedürfnislosigkeit und Unabhängigkeit: Wenn man nichts und niemanden braucht, kann man nicht verletzt werden. Dann kann das Gefühl, unerwünscht zu sein oder nicht wahrgenommen zu werden, einem scheinbar nichts anhaben. Aber diese Abwehr ist trügerisch und letztlich unmöglich: Wir alle brauchen andere Menschen nicht nur abstrakt, weil wir soziale Wesen sind, sondern auch konkret und täglich, denn Liebe, Sorge, Zärtlichkeit, emotionale Nähe sind Grundbedürfnisse des Menschen, die zugleich seine Abhängigkeit von anderen mit sich bringen. Insofern ist es für uns sehr bedeutsam, ob wir von anderen geliebt werden oder nicht und wie wir uns anderen zeigen.

## Die Angst, sich zu zeigen

Was ist schlimmer: sich auf einer Party nackt zu zeigen oder bei einem Date frühzeitig über die eigenen erotischen Fantasien zu sprechen, ein peinliches privates Geheimnis zu offenbaren oder über die eigene Angst vor geschlossenen Räumen zu sprechen, einem potenziellen Liebespartner zu gestehen, dass man Schweißfüße hat, oder ihm mitzuteilen, dass man besondere Sexualpraktiken bevorzugt, dem Lebenspartner einen Seitensprung einzugestehen oder demselben das Ende der Liebe zu verkünden, eine psychische Störung zu gestehen oder das eigene Strafregister offenzulegen, sich klein und bedürftig zu zeigen oder einen heimlichen Tick anzusprechen, eine sexuelle Perversion zuzugeben oder über eigene Schwächen zu reden? Alle Intimitäten sind schwer zu offenbaren, weil die Scham sie beschützt. Und immer kommt es darauf an, ob man Vertrauen zu demjenigen hat, dem man diese Intimität mitteilt.

Wenn zwei Menschen, die ineinander verliebt sind, sich in ihren Ängsten, Wünschen, Erfahrungen, Sehnsüchten, Erwartungen usw. gegenseitig öffnen und mitteilen, dann entsteht dabei keine Scham, weil es gegenseitig, freiwillig und in Liebe geschieht. Nur die Liebe kann die Grenzen der Intimität überschreiten, ohne sogleich Scham hervorzurufen. Denn die Scham ist die Wächterin der Intimität. In der Liebe wird der Partner eingeladen, in das Allerheiligste, den ganz privaten Raum einer Person einzutreten. Solche Intimität ist gewünscht, ja sogar erforderlich, wenn aus der vergänglichen Verliebtheit eine dauerhafte Liebe werden soll. Denn jeder Mensch will so geliebt werden, wie er ist, und nicht nur in den Projektionen des anderen idealisiert werden. Dazu aber ist es erforderlich, sich zu zeigen, zu öffnen, Intimität zuzulassen und Scham aufzugeben. Das geht nur, weil die Liebe in der Regel mit Vertrauen verbunden ist, sodass keine Angst entstehen muss. Angst und Misstrauen nähren die Scham, die sich einer Öffnung widersetzt. So ringen Liebe und Scham miteinander, und wenn es gut läuft, entsteht daraus Intimität. Aber weil die Intimität niemals endgültig besteht, sie immer nur in Momenten oder als Hintergrundgefühl empfunden werden kann, bleibt auch die Scham stets wachsam. *Intimitätsscham* ist daher ein beständiger Begleiter der Menschen.

Wie wir aus der biblischen Schöpfungsgeschichte wissen, ist die Intimitätsscham mit dem Menschsein unmittelbar verknüpft. Jeder Mensch hat eine einzigartige Intimität, die weit über das Sexuelle hinausgeht. Zur Intimität eines Menschen gehören neben dem Körper und der Sexualität auch die eigenen Fantasien und Gedanken, die Geheimnisse, die Begrenzungen und Behinderungen des Alters, die Wohnung und das Schlafzimmer, die bisherige Liebesgeschichte oder die gesammelten Peinlichkeiten des Lebens. Insofern ist jede Intimität einzigartig wie ein Fingerabdruck. Und sie ändert sich mit den Lebenszeiten, ebenso wie die dazugehörige Scham.

Die Scham signalisiert dem anderen, wann eine Grenze der Intimität berührt ist. Dies setzt Einfühlungsvermögen voraus. Wir wissen, dass Spiegelneurone eine innere Simulation des emotionalen Erlebens anderer Menschen vornehmen und uns auf diese Weise mitteilen, wie es dem anderen geht. Spiegelneurone sind sozusagen die neuronale Basis für das menschliche Verstehen und Mitfühlen. Sie sind „Nervenzellen des Gehirns, die im eigenen Körper einen bestimmten

Vorgang, zum Beispiel eine Handlung oder eine Empfindung, steuern können, zugleich aber auch dann aktiv werden, wenn der gleiche Vorgang bei einer anderen Person nur beobachtet wird" (Bauer 2005, 55). Es wird eine Art Resonanz beim Beobachter ausgelöst, wodurch dieser in einer inneren Simulation das durchspielt, was er beim anderen beobachtet. Letztlich folgt daraus, dass wir nicht ahnungslos darüber sind, wie es unseren Mitmenschen geht oder wie es um ihre Intimität bestellt ist. Wer die Warnsignale der Scham beim anderen nicht versteht, der kann sich vielleicht auf seine eigenen Schamempfindungen verlassen. Was du nicht willst, dass man dir tu', das füge keinem anderen zu!

Viele Liebespartner fragen sich, ob sie dem anderen alles mitteilen sollen, ob es eine vollkommene oder gar vollendete Intimität geben kann oder ob sie auch Geheimnisse voreinander haben dürfen. Die Frage ist lieb, nett und zugleich naiv, denn wir haben immer Geheimnisse vor dem anderen, weil wir uns selber nicht einmal richtig kennen. Oder, um es mit Nietzsche zu sagen: „Jeder ist sich selbst der Fernste!" Unser Unbewusstes verhindert, dass wir uns täglich mit unseren ungelösten seelischen Konflikten, unseren tiefen Ängsten oder unerfüllten Sehnsüchten beschäftigen müssen. Auch das Unbewusste ist ein Teil unserer Intimität, ein sehr wesentlicher Teil sogar. Und damit ist alles, was wir jemals verdrängt und vergessen haben, eine Intimität auch für uns selbst. Und was bedeutet es, wenn Menschen äußerst intime Dinge über sich preisgeben und dabei keinerlei Scham empfinden? Dann ist ihre Hoffnung vielleicht, dass der narzisstische Gewinn dieser schamlosen Selbsteröffnung größer ist, als das mögliche Risiko, etwas Verborgenes über sich mitzuteilen. Beim Zuschauer oder Zuhörer dieser intimen Selbsteröffnung kann aber dann eine Scham entstehen, die er sozusagen ersatzweise für den anderen empfindet, weil der sich eben nicht schämt: die Fremdscham.

## Sich für schamlose Menschen schämen

„Papa, du bist total peinlich!" Diesen Satz habe ich von meinen vier Kindern jeweils einige Dutzend Male gehört. Manchmal hatten sie Recht, meistens aber war die Bemerkung eher Ausdruck ihrer eigenen Unsicherheit und Scham. Eltern sind für pubertierende Jugendliche beinahe grundsätzlich und immer peinlich, egal, was sie machen oder nicht machen, sagen oder nicht sagen. Sie sind peinlich, weil sie die Eltern sind. *Fremdscham* entsteht leicht, wenn man sich mit anderen Menschen sehr identifiziert und gleichzeitig von ihnen abgrenzen will. Eine Klientin drückte es so aus: „Neulich auf der Party hat mein Freund laut gerülpst, alle haben es gehört, das war mir total peinlich. Dann hab' ich so getan, als kenne ich ihn nicht, und damit ging es mir besser." So wie der Stolz auf ein Kind, einen Freund, einen Liebespartner einen narzisstischen Gewinn auch für die eigene Person darstellt, so kann die Scham für dieselbe Person Ausdruck einer narzisstischen Kränkung sein. Wir sonnen uns im Erfolg der anderen, und wir leiden bei ihren Misserfolgen. Dies kann dazu führen, dass Menschen eine Fremdscham bei irgendwelchen Stars, Prominenten oder Politikern empfinden, obwohl sie sie gar nicht persönlich kennen und noch nie gesehen haben. Eine solche Fremdscham ist immer auch Ausdruck eines Identifikationsgeschehens und besagt, dass die Person, für die man sich schämt, eine emotionale Bedeutung hat.

Das Prinzip hinter der Fremdscham gibt es spätestens seit der griechischen Tragödie, nur der Begriff ist neu. Bereits Aristoteles hat mit seiner Theorie der Katharsis das Grundprinzip formuliert, wonach eine Reinigung (Katharsis) der Gefühle stattfindet, wenn man sich als Zuschauer im Theater mit den Protagonisten identifiziert und deren Gefühle mit- oder besser nachempfindet. Die Schauspieler selbst haben diese Gefühle ja nicht, sie spielen nur die Rolle, aber für den Zuschauer kann das Erlebnis durchaus reinigend sein. Die

Zuschauer empfinden Ärger, Trauer, Wut, Freude, Eifersucht, Neid, Liebe oder auch Scham. Dann schämen sie sich, schlagen die Hände vor das Gesicht, senken den Blick und möchten im Erdboden versinken, obwohl sie selbst ja nichts getan haben, wofür sie sich schämen müssten. Fremdscham ist also nichts Neues, sie hat heute nur deshalb eine besondere Bedeutung erlangt (und wurde deshalb auch in den neuen Duden aufgenommen), weil sich anscheinend immer weniger Menschen für ihre schamlosen Taten schämen und dies dann anderen überlassen, die noch zum Empfinden von Scham in der Lage sind oder die sich aufgrund ihres moralischen Empfindens der Scham nicht entziehen können.

*Jerusalem wurde zerstört,*
*weil seine Menschen keine Scham hatten.*
Talmud Shabbath


*Schamlosigkeit ist das größte Unglück für alle,*
*für den Einzelnen wie für den Staat.*
Platon,
*Gesetze*


*Die Zivilisation ist noch nicht abgeschlossen,*
*sie ist erst im Werden.*
Norbert Elias,
*Über den Prozess der Zivilisation*


# 5. Schamlose Zeiten

Die moderne Schamlosigkeit flaniert stolz und selbstverliebt auf dem Laufsteg ihrer eigenen Bedeutsamkeit. Die Selbstinszenierung soll perfekt sein, man will sehen und gesehen werden, die eigenen Spuren hinterlassen, Eindruck machen, am besten noch während des Laufens beständig Bedeutung produzieren. In einem umfassenden persönlichen, beruflichen und auch erotischen Sinne erfolgreich und damit begehrenswert zu sein ist mehr als erwünscht.

Die Schamlosigkeit trägt das Gewand der Freiheit, des Individualismus und des Pragmatismus, ihr tägliches Ziel ist die Demonstration der individuellen Autonomie. Wer angeblich autonom ist, der versucht sich von seinen Mitmenschen möglichst unabhängig zu machen. Weil das für ein Wesen, das auf Kommunikation und Kooperation angewiesen ist, auf Dauer schwer möglich ist, gelingen menschliche Beziehungen auch immer weniger. Das eigene Leben, die eigenen Bedürfnisse, das eigene Glück sind die zentralen Koordinaten des Lebens. Dabei stören alte Werte wie Rücksicht, Mitgefühl, Respekt, Achtung oder soziale Verantwortung ebenso wie der Müll von gestern: Gefühle bitte immer, wenn es um das eigene Erleben geht – Gefühle anderer Leute sind dagegen eher lästig und nur in sehr geringem Maße zu ertragen.

Erfolg ist eine Lebensmaxime, und die hat nun mal ihren Preis. Dazu muss man zielorientiert, flexibel und durchsetzungsfähig sein. Persönliche Managementkompetenzen beziehen sich auf die Zeit, die Aufgaben (To-do-List), die privaten Beziehungen, Familie und Kinder, Ehefrau und Geliebte, Ehemann und Lover. Moral wirkt eher hemmend, Gewissen ist immer schlecht, Ideale sind eh kurzlebig und daher überflüssig. Wichtiger sind auf jeden Fall die Accessoires, die müssen immer passen: zum Anlass, zum eigenen Gefühl, zum Event, zum Outfit. Andere Menschen stören meist, sie versperren den Zuschauern den freien Blick auf die eigene Person.

Wie könnte ein solcher Mensch jemals schamlos sein? Da muss es sich um ein fürchterliches Missverständnis handeln. Man zeigt sich doch stets kooperativ, arbeitet seit Jahren projektorientiert in wechselnden Teams, verzichtet weitgehend auf privaten Luxus, legt alles beiseite. Man ist geradeheraus, unkompliziert, freundlich. Die moderne Schamlosigkeit verbirgt hinter dem vordergründigen Stolz den inneren Zweifel, die persönlichen Ängste und die tiefe Scham. Denn die Selbstdarstellung ist nicht nur künstlich, sie ist vor allem deshalb übertrieben, weil sie die innere Verletzlichkeit und Unsicherheit verdecken soll. Der Stolz ist die Maske der Scham, und die Scham maskiert den tief sitzenden Selbstzweifel.

Wenn die Masken fallen, wie in persönlichen Krisen oder bei partnerschaftlichen Konflikten, dann wird die Hilflosigkeit deutlich, dann entsteht eine innere Leere, und die Angst ist zu spüren. Ein Klient hat dies einmal so ausgedrückt: „Das merkt keiner, wie es mir wirklich geht und was eigentlich mit mir los ist. Ich bin mit meinen Leistungen seit Jahren immer über dem Soll. Ich habe das im Griff. Ich arbeite natürlich wie ein Tier, auch an den Wochenenden. Aber nachts schwitze ich einen Schlafanzug durch, ich rauche, trinke Unmengen Kaffee, neuerdings übrigens nur noch Expresso, und brauche dann abends mindestens drei Whiskey. Mein Arzt hat mir Antidepressiva verschrieben, ohne die geht es nicht mehr. Wenn es mir schlecht geht, so zwei bis drei Mal im Monat, dann frage ich mich, was das Ganze noch soll, dann fühle ich mich wie im Hamsterrad. Wenn ich unter Strom bin, dann spüre ich diese Gefühle nicht mehr, aber das hält man nicht ewig durch." Hier zeigt sich für mich der liebenswerte Mensch hinter der ansonsten funktionierenden, frisch geduschten Fassade. Von seinen Kollegen wird er gemieden bis gehasst, wie er sagt: „gemobbt", Freunde hat er nur wenige. Er brauche das alles auch gar nicht – und überhaupt, was ist schon Freundschaft? Kein Wunder, wenn er so selbstverliebt ist und alles dafür tut, dass kein Mensch ihn wirklich hinter seiner Maske erkennt. Der moderne Narziss interessiert sich nicht wirklich für seine Mitmenschen, er braucht sie und benutzt sie. Moralische Fragen beantwortet er immer mit Pragmatismus und Zweckmäßigkeit. Er hat kein Gespür für andere Menschen, auch seine Moral ist sehr persönlich, und er empfindet keine Scham.

## Moralische Reife

Scham war bislang etwas, das man mit dem Chef der Deutschen Bank, Josef Ackermann, nicht in Verbindung brachte. Aber in der Finanzkrise betonte er ausdrücklich, er würde sich schämen, wenn er Staatsgelder in Anspruch nehmen müsste. Herr Dr. Ackermann ist ein moralischer Mann, auch wenn er sich damals in der Mannesmann-Affäre vielleicht nicht ganz korrekt verhalten hat. Dafür hat er immerhin auch gezahlt, und das Gericht hat daher davon abgesehen, ein Strafverfahren gegen ihn zu eröffnen.

Josef Ackermann vergleicht die Gehälter der Investmentbanker gern mit denen der Fußballstars, denn sie bekommen auch Millionenbeträge. Cristiano Ronaldo ist für 90 Millionen Euro von Manchester United zu Real Madrid gewechselt und verdient dort sein Geld unabhängig vom Erfolg der Mannschaft. Sollte Real Meister werden, bekommen die Spieler eine zusätzliche Prämie, und vielleicht bekommen sie noch eine, wenn sie den Erzfeind FC Barcelona im direkten Vergleich schlagen. Die Gehälter der Fußballstars sind jenseits jeden guten Geschmacks, denn nicht wenige der treuen Fans auf Schalke sind arbeitslos oder haben sehr wenig Geld zum Leben. Sie sparen sich das Geld für die Eintrittskarten vom Munde ab. In Dortmund gab es im Stadion der Borussia vor einiger Zeit mal Transparente mit der Aufschrift: „Scheiß Millionäre!" Und: „Wir wollen euch kämpfen sehen!" Den Fans gibt der Vergleich zu denken: Sie selbst haben sehr wenig Geld, kaufen davon eine teure Eintrittskarte, und die jungen Männer, die Hunderttausende oder gar Millionen verdienen, traben lustlos auf dem Platz herum und versuchen nicht einmal, gut zu spielen.

Scham ist immer ein soziales Gefühl, sie entsteht aus dem Vergleich. Kann oder soll man sogar die Verträge der Investmentbanker oder der Fußballstars dahingehend ändern, dass Einkommensobergrenzen eingeführt werden? Die Leistung eines Autos kann man auch kappen, indem man elektronisch dafür sorgt, dass es nicht mehr als 235 km/h schnell fährt. Die exorbitanten Gehälter für Fußballer oder Investmentbanker werden ja nicht allein für ihre Leistung bezahlt, sondern werden gemessen an den Beträgen, die sie wieder hereinwirtschaften. Investmentbanker erhöhen bei guter Arbeit das Kapitalvolumen der Bank, Fußballer sorgen durch ihr Spiel für volle Stadien und mehr Werbeeinnahmen. Der Marktwert eines Fußballers bemisst sich also nicht allein an seinem Spiel, sondern noch mehr an der Frage, wie viel Geld er einspielt. Und wenn er darüber hinaus auch noch erfolgreich ist, dann bekommt er weitere Sonderzahlungen. Die Kehrseite dieses Sonderstatus eines Starfußballers besteht darin, dass er auch verkauft oder ausgeliehen werden kann. Er kann nicht mehr darüber bestimmen, wo und für wen er arbeitet und lebt, er verkauft sich auf Jahre hinaus und muss dafür in Kauf nehmen, dass er eine besondere Lebensführung hat. Wie viel er schläft, wann er ausgeht, ob er Alkohol trinkt, was er isst und wann er im Bett sein muss, ist vertraglich geregelt. Sein Leben ist die Mannschaft, der Mannschaftsbus, das Mannschaftsquartier, der Erfolg der Mannschaft. Diesem Ziel hat er fast alles unterzuordnen, und seine Familie ebenfalls. Dennoch bleibt die Frage, ob die dafür gezahlten Summen gerechtfertigt sind.

Scham ist Ausdruck einer minimalen moralischen Reife. Wer sich allerdings angesichts seines Fehlverhaltens gar nicht mehr schämt, kann als unmoralischer Mensch angesehen werden. Wer mit seinem Verhalten anderen schadet, der muss nicht nur mit ihrer berechtigten Wut rechnen, der macht sich auch schuldig. Schuldhaft anderen Menschen Schaden zuzufügen ist nicht immer strafbar, weil Recht und Gerechtigkeit zwei verschiedene Dinge sind. Wer schuldhaft gehandelt hat und sich dafür schämt, dem kann geholfen werden. Wie sollte man also mit eigenem Fehlverhalten umgehen? Die einfachste Lösung wäre es, sich zu schämen, die Verantwortung für das eigene Fehlverhalten zu übernehmen, sich ernsthaft zu entschuldigen und in Zukunft anders zu verhalten. Dies allerdings setzt Selbstbewusstsein, vielleicht sogar eine gewisse persönliche Reife und Stärke voraus, denn die Scham muss auch ertragen werden.

Wer sich erst einmal schämt, sich dies aber nicht eingestehen und schon gar nicht öffentlich dafür die Verantwortung übernehmen kann, der hat ein weiteres Problem. Wie kann er mit der Scham umgehen? Wenn er noch über einen Rest an intakter Moral verfügt, dann stellt er sich die Frage, wie er die Scham wieder loswird, ohne schamlos zu sein. Diese Frage stellt sich aber immer weniger, denn unsere Kultur und der Zeitgeist haben einen Weg gefunden, solchen Menschen aus der moralischen Klemme zu helfen. Man weicht langsam die Grenzen zwischen Scham und Schamlosigkeit auf. Wofür man sich schämen muss, was noch normales, sozial toleriertes Verhalten ist und wo schamloses beginnt, ist immer auch Ausdruck einer sozialen und kulturellen Übereinkunft. Wenn die Gründe für Scham langsam aufgelöst werden, wenn Schamlosigkeiten immer normaler werden, dann bestehen immer weniger Gründe, sich zu schämen. Die Veränderungen der Schamgrenzen in Richtung einer Normalisierung der Schamlosigkeit sind also Teil eines kulturellen Prozesses und zugleich sein Symptom.

Wer sich aber nicht mehr schämt, der achtet immer weniger auf seine Mitmenschen, der sieht die Welt nicht mehr mit den Augen der anderen, der nimmt weniger Rücksicht und übernimmt keine soziale Verantwortung mehr, der bezeichnet solche Werte wie Achtung, Respekt, Mitgefühl oder Verantwortung als antiquierte, anachronistische Relikte vergangener Zeiten und setzt sich vehement für die persönliche Freiheit des autonomen Individuums ein, womit letztlich immer die eigenen Interessen gemeint sind. Moralische Werte hindern ihn auf dem Weg seiner ganz persönlichen Freiheit, denn die Zukunft verlangt ja nur noch pragmatische und realistische Lösungen. Auch hier meint er natürlich nur sein Verständnis der Realität und seine Art, mit ihr umzugehen. Das ist der moderne radikale Egoismus im Gewand des Pragmatismus in seiner schamlosesten Form!

Schamlosigkeit entspricht also nicht nur dem pragmatischen Zeitgeist, sie scheint auch psychisch der leichtere Weg zu sein, weil die Scham abgewehrt wird und nicht verarbeitet werden muss. Psychologisch gesehen ist die Schamlosigkeit eine sogenannte Reaktionsbildung, eine Verkehrung ins Gegenteil. Die Schamlosigkeit sagt: Du musst dich nicht schämen, du bist okay so, das ist doch normal! Um eine solche psychische Operation auch glaubhaft für sich selbst ausführen zu können, müssen Menschen ihr Denken und ihre Persönlichkeit ändern. Man muss selbst daran glauben können, dass das eigene Verhalten richtig ist, sonst kommt die Scham immer wieder hoch, meldet sich erneut als Zweifel, und das Elend beginnt von vorne. Eine Veränderung des Charakters lässt dagegen die Scham nicht mehr spüren, hat aber weitreichende Folgen für das Leben eines solchen fortan schamlosen Menschen. Ein klassisches Beispiel für eine Reaktionsbildung ist ein zwanghafter Mensch. Ein solcher Zwangscharakter entsteht, wenn die eigenen feindseligen Gefühle und unsauberen Impulse auf dem Wege der Reaktionsbildung in ihr Gegenteil gewandelt werden, also in Überkorrektheit, Genauigkeit, Pünktlichkeit, Sauberkeit und Ordnungsliebe. Übrigens alles deutsche Tugenden!

Wäre eine Reaktionsbildung bei der Abwehr der Scham nur in den jeweiligen schamhaften Momenten möglich, könnten wir also einen inneren Hebel umlegen, wenn wir es brauchen, und danach wieder Scham empfinden, dann wären wir nicht Menschen. Es sind besonders die charakterlichen Folgen, die bei der Reaktionsbildung so verheerend sind, denn aus Menschen, die mit der Scham nicht umgehen können, werden auf diese Weise schamlose Charaktere. Und solche Menschen erziehen ihre Kinder, haben Partnerschaften, sind Arbeitskollegen und Elternvertreter in der Schule. Sie sind nicht nur in Teilbereichen oder bestimmten Situationen schamlos, sondern tragen die Schamlosigkeit als Charakterzug, und zwar ohne dies zu merken. Eine bestimmte Menge von ihnen kann eine Gemeinschaft vertragen oder kompensieren, aber irgendwann kippt es, dann wird aus der Quantität eine neue Qualität, und die Schamlosigkeit ist die Norm.

Für die Schamlosen hat diese Situation durchaus Vorteile. Wenn die Grenzen der Scham langsam ausgedünnt werden, wenn immer mehr schamlose Verhaltensweisen als normal angesehen werden, dann muss man sich nicht mehr so viel schämen. Dann muss man weniger Rücksicht nehmen und kann mehr seine eigenen Bedürfnisse leben. Jede Gemeinschaft muss diese Grenzen flexibel halten und stets neu aushandeln können. Letztlich geht es um eine Balance von individueller Freiheit und sozialer Verantwortung. Nicht jede einzelne Schamlosigkeit ist eine soziale Katastrophe, man muss nur die normalen von den wirklichen Schamlosigkeiten unterscheiden können und wissen, wo die Grenzen und Unterschiede sind.

## Die ganz normale Schamlosigkeit

Manche Schamlosigkeiten betrachten wir als vollkommen verständlich und normal, weil wir sie alle schon selbst praktiziert haben. Wenn pubertierende Jugendliche durch ihre Kleidung, ihre Sprache oder durch ihr Verhalten sozial unverträglich werden, dann bewältigen sie damit auch ihre Anpassungsscham. Ihre Angst vor sozialem Ausschluss, die sie zur Anpassung bringen soll, versuchen sie zu bewältigen, indem sie den Rausschmiss aus der Familie oder der Gemeinschaft provozieren oder selber vorwegnehmen. Wer sich außerhalb der Gemeinschaft stellt, wer deutlich signalisiert: Ich gehöre nicht zu euch Spießern, der kann gar nicht mehr rausgeschmissen werden! Also zeigen sie allen anderen den Finger, fühlen sich stark, autonom und vor allem angstfrei. Sie müssen keine Angst davor haben, ausgegrenzt zu werden, sie grenzen sich selber aus. Das ist eine Form der Angstverarbeitung wie das Pfeifen im Walde.

Die Formen der Verarbeitung der Anpassungsscham ändern sich, der Sinn jedoch nicht. Weil wir selbst einmal Jugendliche waren, kennen wir alle unsere mehr oder weniger schrägen Verarbeitungsformen der Anpassungsscham. Man läuft im Winter halbnackt herum, setzt sich eine Ratte auf die Schulter, lässt sich die Haare lang und schräg wachsen, färbt sie orange, macht sich Piercings in die verschiedenen Körperteile, behängt sich mit Ketten, trägt grundsätzlich Sonnenbrille, hat immer eine oder gar mehrere Kapuzen auf und signalisiert mit all diesen Absonderlichkeiten, über die man schon wenige Jahre später schamhaft errötet, dass man cool ist, keinen Bock hat, hip ist und auf jeden Fall kein angepasster Bürger ist. Auch in der Sprache findet eine Abgrenzung statt, die so weit geht, dass man zwar noch die gleiche Sprache wie die Eltern spricht, diese aber buchstäblich nichts mehr verstehen. Würden die Eltern ihre pubertierenden Jugendlichen lustig, witzig oder erfinderisch finden und sich über sie amüsieren oder gar an ihnen erfreuen, dann müssten die Jugendlichen sich wirklich etwas Neues einfallen lassen, mit dem sie den Eltern auf die Nerven gehen könnten. Die Jugendkultur ist eine Subkultur, und jede neue Jugend findet genau den Weg, um die eigenen Eltern total abzunerven. Würden sie den gleichen Blödsinn wie ihre eigenen Eltern machen, dann wäre das nicht nur wenig originell, sondern keine wirkliche Abgrenzung mehr. So ist jede neue Generation erfinderisch darin, die eigenen Eltern in den Wahnsinn zu treiben – dann ist der Sinn der Abgrenzung und damit der Bewältigung der Anpassungsscham erfüllt.

Manchmal gibt es sogar besonders kreative Möglichkeiten, verschiedene Schamvarianten auf einmal abzuwehren. So kann neben der Anpassungsscham auch die Intimitätsscham abgewehrt werden, wenn eine pubertierende Jugendliche ihre eigene Mode benutzt, die sowohl schräg als auch schlampig ist. Sie kann sich zum Beispiel die Unterwäsche drüber anziehen, sich Löcher in die Kleidung schneiden und damit verborgene Körperteile entblößen oder einfach fast nichts anziehen. Damit ist nicht nur die Provokation sichergestellt, sondern auch eine Intimitätsscham bewältigt. Wer Angst hat in seiner Intimität und Körperlichkeit, der findet im vorsichtigen Exhibitionismus eine Möglichkeit, mit dieser Angst offensiv umzugehen. Nacktheit war schon immer eine Möglichkeit, die Intimitätsscham zu überwinden, und sei es auch nur für kurze Zeit.

Intimitätsscham hat aber nicht nur eine körperliche, sondern auch eine mentale Seite. So kann die Scham in Bezug auf intime Fantasien auch so bewältigt werden, dass man auf der nächsten Party öffentlich darüber redet, sofern man einen interessierten und verständnisvollen Zuhörer findet. Und wem das nicht reicht, der kann dank der modernen Kommunikationsmittel versuchen, die eigenen Intimitäten doch gleich in einer Fernsehshow unterzubringen. Bestimmte Sender freuen sich immer wieder über solche Menschen, denn damit ist gleich mehreren Bedürfnissen gedient: Die persönliche Schamlosigkeit in Bezug auf die Intimitätsscham wird zum Beispiel durch detaillierte Berichte über sexuelle Praktiken oder Eroberungen ebenso befriedigt wie die Neugier der Zuschauer und die Quote der Sender.

Das Internet bietet auch hervorragende Möglichkeiten der Bewältigung von Intimitätsscham. So kann man jederzeit (!) mit sehr vielen Menschen auf der ganzen Welt äußerst intim werden und ihnen mitteilen, was man noch nie einem anderen Menschen jemals mitzuteilen wagte. Die Scham scheint im Internet aufgehoben zu sein, nicht mehr zu existieren oder einfach gar nicht mehr nötig zu sein. Man weiß ja sowieso nicht wirklich, wer am anderen Ende sitzt, wie es ihm oder ihr geht, wie es bei denen ankommt, ob sie das verstehen oder nicht, ob sie es wissen wollen oder nicht, ob es schamlos ist oder nicht. Das interessiert ja auch alles gar nicht mehr. Man chattet für die Illusion und die Bewältigung der eigenen Ängste oder Sehnsüchte.

Für die Bewältigung der Kompetenzscham hat das Fernsehen dankenswerterweise mehrere sehr erfolgreiche Shows eingerichtet, sodass Menschen, die sehr unter ihrer Inkompetenz leiden, sich bei einer solchen Show melden können. Sie lernen dann vorher viele dicke Bücher mit möglichst absurden Fakten auswendig, werden mit einigem Glück eingeladen, müssen dann nur noch in einer Vorrunde eine dieser absurden Fragen als Schnellster beantworten, und schon sitzen sie auf einem Stuhl, auf dem sie in einer halben Stunde Millionär werden können. Sie müssen nur mit viel Glück einige dieser absurden Fragen beantworten, und schon haben sie neben einer Million Euro auch noch ihr tief sitzendes und nagendes Gefühl der Inkompetenz in aller Öffentlichkeit besiegt. Man wird ihnen nie wieder Inkompetenz vorwerfen, denn nach dem Showmaster und allen Familienangehörigen werden auch die ehemaligen Lehrer gratulieren und ihnen nachträglich Intelligenz bescheinigen, um ihre eigene Kompetenzscham zu bewältigen. So wird man nicht nur Millionär, sondern auch noch klug und kompetent. Die eigentliche Schamlosigkeit, mit einem angelernten Wissen über Absurditäten der Weltgeschichte sich öffentlich über diese zu äußern, bemerkt sowieso kein Mensch, denn das ist ja der Sinn der Show. Mittlerweile gibt es viele solcher Shows, in denen die Intelligenz und Kompetenz der Menschen auf solch schamlose Weise Thema ist. Dass währenddessen die meisten Menschen immer dümmer und inkompetenter werden, das ist Teil einer anderen, etwas größeren Show.

Die Scham, die immer dann auftaucht, wenn man sich nicht seinen Idealen entsprechend verhält, kann auch auf ganz normale und schamlose Weise abgewehrt werden. Darauf hat sich ein ganzer Industriezweig spezialisiert, der mit verschiedenen alkoholischen Getränken in immer neuen Zusammensetzungen handelt, die Getränkeindustrie. Man kann doch mal einen über den Durst trinken, zu tief ins Glas schauen, das kennt doch jeder. Natürlich benimmt man sich mit zunehmendem Alkoholkonsum nicht mehr seinen Idealen entsprechend. Der übermäßige Alkoholkonsum ist eine ausgezeichnete Möglichkeit, gleich mehrere Formen der Scham gleichzeitig abzuwehren. Wenn man beispielsweise bei einem ganz normalen Vollrausch seine anwesenden Freunde und Verwandte beschimpft, sich auf den Teppich übergibt, nur noch Schwachsinn vor sich hin stammelt, primitive sexistische Witze erzählt und dann pöbelnd den Raum verlässt, dann hat man mit dieser nur zehn Minuten dauernden Szene die Anpassungsscham, die Intimitätsscham, die Kompetenzscham und die Idealitätsscham erfolgreich abgewehrt.

Sie sehen, viele Schamlosigkeiten als Abwehrformen der Scham sind durchaus verbreitet und alltäglich. Keiner regt sich mehr auf, und nur bei besonderen Exzessen merken wir, dass sie nicht ganz harmlos sind. So werden täglich in unserem Land Jugendliche mit 2–3 Promille Blutalkohol aufgegriffen, nachdem sie Komasaufen betrieben haben. Wenn sie Glück haben, können sie noch gerettet werden, aber die gesundheitlichen Folgewirkungen sind oft erheblich. Inwieweit die Abwehr von Schamgefühlen mit eine Ursache dafür war, dass sie als unverwundbare Helden des Saufens erscheinen wollten, ist bislang noch nicht empirisch erwiesen. Dass ein solches Heldentum durchaus narzisstische Hintergründe haben kann, dass damit tiefe Ängste, Minderwertigkeits- und Schamgefühle abgewehrt werden sollen, ist allerdings wahrscheinlich. In der Regel sind dies Beziehungsängste und sexuelle Ängste.

## Selfsex

„Ich war 15 Jahre alt und sie auch. Wir haben uns im Tanzkurs kennen gelernt. Sie hatte so lachende Augen und Grübchen, ich habe von ihr geträumt. Meine Verliebtheit tat mir körperlich weh, so richtig ein Ziehen in der Magengegend, das waren nicht nur Schmetterlinge. Beim Abschlussball haben wir eng getanzt. Sie roch so gut, ich war verrückt nach ihr und bekam beim Tanzen eine heftige Erektion, die auch nicht wegging, als ich Rechenaufgaben im Kopf machte. Das hatte bis jetzt immer gegen ungewollte Erektionen gewirkt, aber ihr Geruch war stärker und unsere Körper schmiegten sich eng aneinander und die Musik war total cool. Und dann sagte sie den Satz, der mich beinahe sterben ließ: Nimm doch mal das Schlüsselbund aus der Tasche, das drückt so. Ich stammelte: Welches Schlüsselbund?, wurde total rot und lief fluchtartig zur Toilette. Wenn ich jetzt als erwachsener Mann daran denke, muss ich herzlich lachen, aber damals wollte ich vor Scham nur noch im Erdboden versinken."

Er wollte seine sexuelle Erregung vor seiner Tanzpartnerin verbergen, aber in dem Moment, als sie das Schlüsselbund ansprach, wurde er von der Scham überwältigt. Es war die Schamangst vor der Entdeckung, vor der Enthüllung der verborgenen sexuellen Erregung. Was hätte er tun können? Er hätte offen sagen können, dass er kein Schlüsselbund in der Tasche habe, sondern eine Erektion, und er hätte erklärend und entschuldigend hinzufügen können, dass dies die offensichtliche Folge ihrer überaus erregenden und erotischen Erscheinung sei. Solch ein souveräner Umgang setzt allerdings ein gesundes Selbstbewusstsein, einen offenen Umgang mit sexueller Erregung und eine Partnerin voraus, die mit beidem auch umgehen kann. Zudem sollte die Partnerschaft der beiden älter als ein paar Stunden sein, denn Vertrautheit hilft in solchen intimen Momenten enorm. Eine zweite Möglichkeit wäre gewesen, einfach weiterzutanzen, die Bemerkung zu ignorieren oder schlicht anzumerken, dass er kein Schlüsselbund in der Tasche habe. Dieser Umgang wäre nicht nur uncool, sondern geradezu gefährlich, denn es hätte sein können, dass die moderne junge Frau auf ihrer Wahrnehmung insistiert, womöglich ihm sogar an die Hosentasche greift, um handgreiflich den Beweis zu führen. Er entschied sich für die dritte Möglichkeit, die Flucht. Angesichts seines jugendlichen Alters, seiner eingestandenen Unfähigkeit, seine sexuelle Erregung zu kontrollieren, seiner Unkenntnis der Reaktionen seiner Tanzpartnerin und des zarten Zustands ihrer Partnerschaft eine geradezu weise Entscheidung.

Der Umgang mit Scham und Sexualität war eben noch nie einfach, und selbst das Natürliche erscheint immer irgendwie kompliziert. Selbst ausgereifte Erwachsene und gestandene Politiker haben damit anscheinend ihre absurden Schwierigkeiten. „Der Deutsche Hebammenverband findet es ‚paradox', dass in der Werbung nackte Frauenbrüste gezeigt werden, öffentliches Stillen aber nur eingeschränkt möglich ist. Zudem kritisierte der Verband, dass kürzlich eine Abgeordnete während einer Abstimmung den Bundestag verlassen musste, weil sie ihr Baby stillte" (Hamburger Abendblatt, 14.7.2009). Wie kann es sein, dass das Stillen eines Kindes den öffentlichen Blicken entzogen werden soll. Was ist daran anstößig? Nahezu alle Menschen sind gestillt worden, es ist eine Szene tiefster Natürlichkeit, die nur dann stören kann, wenn sich sexuelle Assoziationen beim Betrachter einstellen. Dann aber ist nicht die Mutter mit dem Kind aus der Öffentlichkeit zu verbannen, denn das Sexuelle liegt allein im Auge des Betrachters. Das Natürliche wird sexualisiert und das Sexuelle immer unnatürlicher.

Scham und Sexualität waren schon immer eng miteinander verknüpft, und die Schamlosigkeit gesellte sich gern erotisch dazu. In der Sexualität zeigte sich die Schamlosigkeit als lustvolle Überwindung der Intimitätsscham häufig von ihrer besten Seite durch den Blick hinter die Maske, das Entblößen des Verhüllten, das Enthemmen des Triebhaften, das Zeigen des Verborgenen. Es hat den Anschein, als wandele sich die Scham mit der Sexualität. Aber wohin treibt es das Sexuelle?

Die Antworten der modernen Sexualforschung sind gespalten. Einerseits könne man von einer Pluralisierung und Optionalisierung der Sexualität mit einer Vielzahl sexueller Möglichkeiten und Freiräume sprechen. Männer seien weiblicher und Frauen männlicher geworden, Homosexuelle hätten eine größere Akzeptanz, die Bindung der Sexualität an Ehe und Herkunft sei gelockert. Andererseits werde das Sexuelle banalisiert und kommerzialisiert, und die vielfältigen Beziehungen zur Aggressivität seien bedenklich erweitert worden, wie man am Beispiel von sexueller Gewalt gegenüber Kindern und Frauen und der Pornografie erkennen könne. Die Grenzen der Perversionen seien lockerer geworden und reichten heute von einer Übersteigerung des Normalen bis ins Pathologische. Der Selfsex, wie ihn Volkmar Sigusch, einer der Väter der modernen deutschen Sexualwissenschaft, nennt, habe eine dominante Bedeutung erhalten, nicht nur als Aufwertung der Selbstbefriedigung, sondern im Sinne einer größeren Selbstbezogenheit in der Sexualität.

Wie lässt sich das alles integrieren, wie geht die junge Generation mit diesen Veränderungen um? „Vom Gros der jungen Generation dagegen wird nach allem, was wir durch Sexualforschung erfahren haben, der Zerfall der alten sexuellen Sphäre in einer kulturellen Meisterleistung aufgefangen: Die jungen Leute oszillieren heute ziemlich souverän zwischen undramatischer Treue in Liebesbeziehungen und dramatisierten Events voller Thrills. Ihre Neosexualität ist eher Wohllust statt Wollust. Sie ist selbstoptimiert und selbstdiszipliniert, könnte wegen ihres hohen Anteils an Egoismen auch Selfsex genannt werden" (Sigusch, 8). Allerdings wirft Selbstbezogenheit in der Sexualität einige Fragen auf. Zu starker Selbstbezug bedeutet in der Regel einen Verlust an Bezogenheit, Bindung und Beziehung. Damit erscheint die selbstbezogene Sexualität einsamer, von der Liebe geradezu entkoppelt. Liebe und Sexualität erscheinen heute als zwei verschiedene Möglichkeiten der Gestaltung einer Beziehung. Ihren Triumph feierte diese Trennung schon immer in der Pornografie.

Was bedeutet dies alles für die Scham und die Schamlosigkeit? Wenn beispielsweise eine emotional losgelöste Sexualität jenseits einer Liebesbeziehung keine Scham mehr auslöst, dann wird die Schamlosigkeit auch hier zum Normalfall. Dann erscheint die Forderung nach einer Sexualität innerhalb einer Liebesbeziehung bestenfalls als antiquierte Romantik. Was eine Verselbständigung der Sexualität nicht nur in der Pornografie oder Prostitution, sondern in der Normalbeziehung bedeutet, kann man an literarischen Beispielen sehen. Denn in der Literatur spiegelt sich nicht nur häufig der Zeitgeist, sie rennläuft ihm auch manchmal voraus. Der Roman *Elementarteilchen* von Michel Houellebecq war solch ein literarischer Vorbote einer zutiefst erkalteten, einsamen und traurigen Sexualität, die durch keine lustvolle Schamlosigkeit mehr vitalisiert werden konnte. Zwei ungleiche Brüder, der eine sexsüchtig und der andere lustlos, zwei Seiten derselben Medaille. Eine mechanische Sexualität, ein Paar in Swingerclubs, Masturbation, die mittendrin aus Langeweile oder Überdruss einfach abgebrochen wird, überall Leere, Beziehungslosigkeit und Tristesse. Der Mensch scheint jenseits seiner Sexualität tief gefangen in einer Beziehungslosigkeit und Einsamkeit. Michel Houellebecq: „Jeder, angetrieben von einer schmerzlichen Sehnsucht, verlangt vom anderen weiterhin das, was er nicht mehr sein kann, setzt wie ein irregeführter Geist die Suche nach dem Gewicht des Seins fort, das er in sich selbst nicht mehr findet. Nach Beständigkeit, nach Dauerhaftigkeit, nach Tiefe. Jeder scheitert natürlich, und die Einsamkeit ist schrecklich" (Houellebecq 1999, 72).

Die Trennung von Liebe und Sexualität scheint mittlerweile allgemein akzeptiert zu sein, sogar bei der Rechtsprechung ist sie schon als Normalfall angekommen. Sexualität ist heute anscheinend kein wesentlicher Teil einer funktionierenden Partnerschaft mehr. Es gab einmal Zeiten, da sprach man von den ehelichen Pflichten und meinte damit, dass die Ehefrau sich ein bis zwei Mal in der Woche dem Geschlechtsverkehr mit ihrem Ehemann lustvoll hinzugeben habe. Heute scheint dies alles anders zu sein. So hat in Zweibrücken eine Ehefrau ihren Mann verlassen, ist mit einem anderen zusammengezogen und hat ihren Ehemann auf Ehegattenunterhalt verklagt. Das Oberlandesgericht Zweibrücken hat dann aber entschieden, dass kein Anspruch auf Ehegattenunterhalt bestehe, weil die Ehe noch intakt gewesen sei, auch wenn es seit neun Jahren keine ehelichen Sexualkontakte mehr gegeben habe. „Nach Ansicht der Richter gibt es vielmehr zahlreiche Gründe, nach längerer Zeit des Zusammenlebens von Geschlechtsverkehr abzusehen (OLG Zweibrücken, Az.: 2 UF 102/08)" (Hamburger Abendblatt, 28.2.2009, 33) Es wäre interessant gewesen zu wissen, welche Gründe die Richter nannten.

Asexualität ist zwar keine eigenständige sexuelle Orientierung und wurde bislang als Begleiterscheinung von körperlichen oder seelischen Krankheiten und Störungen angesehen, aber sie scheint immer mehr zuzunehmen. Das Phänomen war schon immer als Alibidinie bekannt, neu ist nur der Begriff. Während die meisten Menschen häufig unter ihrer Lustlosigkeit litten – oder mehr noch ihre Partner –, scheint die Asexualität eine gewollte und zufriedene Lustlosigkeit zu sein, wenn man den Vertretern in ihren Internetforen trauen darf. Volkmar Sigusch berichtet, wie er das erste Mal einen solchen Patienten bei sich hatte. „Als ich das erste Mal einen Patienten in meiner Sprechstunde hatte, der keine Lust hatte, aber physisch und psychisch befundlos war, war ich erst einmal ratlos ... Aber dann hab ich gedacht: Warum soll ich den therapieren? Der hat einfach eine geringe Libido. Psychotherapie läuft doch ohnehin am Ende nur darauf hinaus, einen Zustand akzeptieren zu lernen" (zit. nach Hilbk).

Asexualität ist insofern eher ein narzisstischer Rückzug, eine narzisstische Abwehr gegen die mit der Sexualität verbundenen Ängste. Dies gab es schon immer, aber heute ist es kein Einzelphänomen mehr. Der enorme Erfolg der *Biss*-Bücher von Stephenie Meyer, in denen eine Keuschheit wie in Bollywood-Filmen herrscht, kann als Beleg für diese asexuelle Kultur gelten: schmachtende Blicke, warten auf die

Heirat, no-sex. So haben sich Betroffene schon in einem Internet-Forum namens Aven zusammengeschlossen. Sicher sind zur Erklärung auch sexuelle Traumatisierungen möglich. Auch die zunehmende Sexualisierung des Alltags, der Werbung und der Medien trägt möglicherweise zu der Lustlosigkeit bei. Denn dabei wird täglich ein sexueller Druck aufgebaut, der leicht zum Überdruss führen kann. Asexualität ist aber auch der übersteigerte Ausdruck einer sexuellen Selbstbezogenheit, die Sexualität und Liebesbeziehung vollkommen trennt. Dies ist nicht so sehr die Folge einer individuellen Pathologie als vielmehr eines individuellen Narzissmus, ebenso wie des narzisstischen Zeitgeistes.

Die Hauptmerkmale unserer modernen Sexualität sind Selbstinszenierung und Selbstbezug, mit Sigusch formuliert: Selfsex. Daraus entsteht nicht selten eine tiefe Beziehungslosigkeit und Einsamkeit. Wer sich in der Sexualität nur noch selbst inszeniert, wer den Blick auf sich selbst gerichtet hat und dabei den anderen nicht mehr sieht, der betreibt in einem grundsätzlichen Sinne Selbstbefriedigung. Eine solche Sexualität ist zugleich losgelöst von der emotionalen, menschlichen Beziehung, wie es klassisch bei der Prostitution und der Pornografie der Fall ist. Es ist eine emotional entleerte Sexualität unter dem Stern des Narzissmus.

Narzissmus ist heute ein schillernder Begriff, weil der Fachbegriff so stark popularisiert wurde, dass seine Bedeutung nur noch unscharf erkennbar ist. Aus psychologischer Sicht stehen beim Narzissmus zwei Bedeutungen im Vordergrund (vgl. Mentzos, 52): Zum einen ist Narzissmus ein Begriff für das Selbstwertgefühl eines Menschen und alle damit verbundenen Gefühle und Bedürfnisse. Wann und wie fühlt man sich gut in seiner Haut, wann fühlt man sich bedeutsam, wertgeschätzt und wichtig, wann hat man die richtige Betriebstemperatur, um eine optimale Leistung zu erbringen und sich dabei wohlzufühlen? Zum anderen ist Narzissmus ein Begriff zur Kennzeichnung besonderer Schutzmechanismen und Bewältigungsstrategien eines Menschen im Umgang mit anderen, insbesondere bei Konflikten. Eine solche narzisstische Umgangsform ist dadurch gekennzeichnet, dass der Mensch sich aus der Beziehung auf sich selbst zurückzieht, sich vom anderen entfernt, um sich selbst wieder zu stabilisieren. Solche narzisstischen Abwehrvorgänge werden von anderen Menschen als egoistisch und egozentrisch erlebt, der andere lässt nur seine Sicht der Dinge gelten, geht letztlich aus der Beziehung heraus. Beim Narzissmus in dieser Bedeutung als Abwehr oder Umgangsform ist meist eine Beziehungslosigkeit latent vorhanden, die in Konflikten besonders offensichtlich wird. Ein narzisstisch gestörter Mensch kreist um sich selbst, ist um seine eigene Befriedigung bemüht, benutzt den anderen mehr oder weniger und zieht sich aus der Beziehung zurück, wenn es zu Konflikten kommt. In Bezug auf die Sexualität bedeutet dies im Extremfall Selbstinszenierung, Selbstbezug und Selbstbefriedigung.

Und was lernen die Kinder bei solchen Vorbildern des narzisstischen Zeitgeistes? Sie spielen einen mechanischen Sex nach, der von Liebe und Beziehung losgelöst ist. Die sexuelle Verwahrlosung der Kinder und Jugendlichen ist eine extreme Form der modernen Schamlosigkeit. 13-jährige Jugendliche, die nach eigenen Angaben regelmäßigen Sex haben, küssen sich nicht mehr, weil sich in Pornos auch nie jemand küsst. Sie sehen Pornos mit ihren Eltern oder auch alleine und machen sie nach. Und sie wissen nicht mehr, was Liebe ist, weil sie sorgende Liebe nicht mehr kennen. Insbesondere Kinder aus Problemfamilien – Armut, Arbeitslosigkeit, allein erziehende Mütter, Migrationshintergrund – sind häufig Angehörige dieser sogenannten „Generation Porno" (vgl. Wüllenweber). Sexuelle Verwahrlosung gibt es aber auch in anderen sozialen Schichten, sie geht häufig einher mit sozialer Verwahrlosung. Sie spielen neue Pornofilme nach, in denen es keine Rahmenhandlung mehr gibt, sogenannte „Gonzo-Filme". Eigentlich sind diese Pornos keine sexuellen oder erotischen Filme, sondern solche, in denen Gewalt auf sexueller Ebene ausagiert und verherrlicht wird, und sei es eine Massenvergewaltigung. Gewalt ist legitim und lustvoll, Sex ist Porno, Freizeit ist Porno, Liebe und Mitgefühl – nie gehört. „Gang Bang" nennt man es, wenn eine Horde junger Männer über eine Frau herfällt. Bereits 14-jährige Mädchen sind stolz darauf, es am Wochenende mit 12 Männern gleichzeitig zu treiben. Väter gibt es in diesen Beziehungen nicht einmal zu Besuch. Und wie wirkt sich früher Pornokonsum auf die Persönlichkeitsentwicklung der Kinder aus? Volkmar Sigusch: „Das erforscht hierzulande leider niemand."

Auf die Frage, ob die Aufregung um die Generation Porno übertrieben ist, antwortet Jakob Pastötter, Präsident der Deutschen Gesellschaft für Sozialwissenschaftliche Sexualforschung: „Ganz im Gegenteil! Es ist höchste Zeit, dass wir uns aufregen ... Sexuelle Verwahrlosung geht oft mit sozialer Verwahrlosung einher. Letztere ist aber nicht an die Unterschichten gebunden. Ursachen sind generationenübergreifende Sprachlosigkeit und das Fehlen von Vätern oder männlichen Vorbildern. So füllt Pornografie eine Lücke" (Neudecker). Die Beschäftigung mit Pornografie ist nur in der Erscheinung sexuell. Im Kern ist es eine Beschäftigung mit Gewalt als symbolischem Ersatz für fehlende Väter. Insofern sind nicht nur niedere soziale Schichten betroffen, sondern alle sozialen Schichten, in denen Väter entweder physisch oder psychisch fehlen, also in der Erziehung der Kinder nicht präsent sind.

Man kann diese Kinder nicht nur Pädagogen und Therapeuten in Spezialkliniken überlassen, sondern muss ihnen und ihren Familien frühzeitig helfen. Wann ist der richtige Zeitpunkt? Wenn das minderjährige Mädchen schwanger ist? Bevor sie es wird? Wenn sie selbst noch ein Kind ist? Muss ihren Eltern geholfen werden, bevor sie sich trennen? Oder ihren Eltern als jungem Paar? Wir sprechen in der Familienpsychologie von einer intergenerationellen Transmission. Das bedeutet, dass diese Muster der Traumatisierungen sich von einer Generation zur nächsten verschieben, wenn sie nicht therapeutisch und pädagogisch verändert werden.

Die Zeit löst diese Probleme keinesfalls: Wenn nichts getan wird, werden die Probleme nur noch größer. Man kann auch nicht allein die Eltern anklagen und ihnen das Sorgerecht für ihre Kinder entziehen. Es hat in Deutschland noch nie so viele Fälle von Sorgerechtsentzug gegeben wie derzeit. Das Problem ist jedoch ernster und entzieht sich jedem kurzatmigen Pragmatismus. Es ist wirklich etwas faul in unserer Gesellschaft und Kultur, und es sind Themen, die uns alle angehen. Dabei geht es auch nicht darum, wie verbreitet solche Phänomene sind, denn damit soll letztlich nur das Gewissen der Nation beruhigt werden. Wir können diese Kinder und ihre Familien nicht allein lassen. Ein afrikanisches Sprichwort sagt: „Man braucht ein Dorf, um ein Kind aufwachsen zu lassen." Dieses Dorf, diese Gemeinschaft gibt es nicht mehr. Und das ist beschämend.

## Angriff ist die schlechteste Verteidigung

Und was macht die Schule mit unseren Kindern? Kennt sie die „Generation Porno"? Spricht sie über Sexualität? Macht sie die Liebe zum Thema in der Klasse? Wird in der Schule über Liebesbeziehungen gesprochen? Werden die Erfahrungen der Kinder und Jugendlichen mit freundschaftlichen, familiären und partnerschaftlichen Beziehungen in den Unterricht eingebracht, oder lässt der Lehrplan das nicht zu? Wie geht die Schule im pädagogischen Alltag mit Gefühlen um? Haben Lehrerinnen und Lehrer auch Gefühle? Weiß die Schule, was emotionale Bildung ist? Und wie geht sie mit der Scham um? Gibt es noch ein Beschämen als pädagogisches Prinzip?

Bevor ich auf diese Fragen eingehe, möchte ich einige Bemerkungen zum Umgang mit Scham voranstellen. Was macht man mit der Scham, wenn man sich nicht verstecken kann, die Zeit zurückdrehen, in Luft auflösen oder im Erdboden versinken kann? Manchmal ist angeblich Angriff die beste Verteidigung: Andere zu beschämen sei besser, als sich selbst schämen zu müssen. Wer Scham über die eigene Inkompetenz, Minderwertigkeit oder Hässlichkeit empfindet, der fühlt sich besser, wenn andere noch inkompetenter, minderwertiger oder hässlicher sind. Dieser Mechanismus relativiert die eigenen schlechten Gefühle und ist Balsam für das lädierte Selbstbild.

Das Beschämen kann aber nach hinten losgehen, wenn der Beschämte ebenbürtig oder sogar überlegen ist. Dann muss man mit heftigen Gegenreaktionen rechnen. Deshalb eignen sich hierarchische Beziehungen am besten dazu, andere Menschen zu beschämen. Denn Hierarchien beinhalten Abhängigkeiten: Das Kind ist von den Eltern abhängig, der Mitarbeiter vom Chef, der Schüler vom Lehrer. Solche Abhängigkeiten verhindern in den meisten Fällen ein Aufbegehren, ein Wehren oder gar eine Gegenaggression des Beschämten. Im Job kann man jemanden abqualifizieren, ihm also seine Qualifikation absprechen oder auch ihm auf subtile Weise klar machen, dass er den Mindestanforderungen offenbar nicht gerecht wird. Man kann einem Kollegen etwas anhängen, um ihn loszuwerden, ihn entwerten oder ihn schlicht degradieren. Man kann ihn heruntermachen und ihn blöd dastehen lassen. Man kann jemanden aussondern, ausgrenzen, nicht mehr dazugehören lassen. Dann taucht er nicht mehr in Einladungen auf, wird zu Besprechungen nicht mehr hinzugezogen, oder er wird ausgeschaltet, indem ein anderer seine Aufgabe oder Funktion übernimmt. Manchmal werden andere auch einfach nur „versehentlich" übergangen, ein anderes Mal offen benachteiligt. Sehr kunstvoll sind Ausschlüsse in Absprache mit Dritten: „Wir sind übereingekommen, dich nicht mehr als Mitglied im Team zu betrachten." Dies alles kann offen oder verdeckt ablaufen. Sehr kunstvoll ist ein Lästern oder Verunglimpfen, ein Anschwärzen oder Beleidigen. Die Betroffenen werden vor vollendete Tatsachen gestellt, der Nachfolger ist schon eingeladen, man muss nur noch seinen Platz räumen. Bevor es so weit ist, kann ein Kollege einfach gemieden werden, man kränkt ihn direkt oder übergibt ihn dem Spott der Öffentlichkeit. Man kann ihn lächerlich machen, kompromittieren oder offen erniedrigen. Im Mittelalter hat man die Sünder dem öffentlichen Spott preisgegeben, heute sind die Methoden weit differenzierter, und der Pranger kann überall stehen. Man kann jemanden verleumden, versteckt oder offen herabwürdigen, seine Ehre abschneiden, mit Verdächtigungen oder nur Andeutungen diskreditieren, seine Würde verletzen. All diese Wege sagen sowohl etwas über den Beschämenden als auch über den Beschämten aus. Entscheidend ist dabei die Frage, wie gut der Beschämende den Beschämten kennt und weiß, wie er ihn am meisten verletzen und beschämen kann.

Beschämen ist in der Schule in Deutschland immer noch an der Tagesordnung, ein versteckter Teil der alltäglichen Pädagogik. Heute muss man sich nicht mehr in die Ecke stellen, die Formen sind viel subtiler. Verspricht sich ein Pädagoge eigentlich ernsthaft einen Nutzen von beschämendem Verhalten, glaubt irgendeiner wirklich daran, dass die Beschämung zu einer Einsicht und Umkehr führen würde, dass ein beschämter Schüler sich in einen fleißig lernenden verwandeln würde? Oder dient die Beschämung nicht eher der eigenen narzisstischen Selbststabilisierung und der Abfuhr von Aggressionen?

Das deutsche Schulsystem ist auf Selektion ausgerichtet und weniger auf Förderung der Kinder. Man ist anscheinend immer noch der Meinung, man müsse die Spreu vom Weizen trennen, um eine Elite zu fördern und dabei die Minderbegabten und weniger Leistungsfähigen möglichst schnell und effektiv auszusortieren. Dies ist nachweislich falsch. Die höheren Anregungen und Herausforderungen führen bei den Schwächeren zu besseren Leistungen, zudem fühlen sie sich nicht mehr diskriminiert und ausgegrenzt, und die Stärkeren werden dadurch in ihrer Entwicklung nicht behindert. Wichtig ist natürlich, dass zusätzlich zum normalen Unterricht ein System der individuellen Förderung besteht, wie es beispielsweise in Finnland der Fall ist. Dort ist es ein wichtiges Erziehungsprinzip, die Kinder nicht zu beschämen. Wer die Kinder beschämt, der hat nicht nur eigene Probleme, der mag Kinder einfach nicht.

Für eine gute Pädagogik sollte man Kinder und Jugendliche mögen. Und das heißt auch, einen inneren Zugang zur eigenen Kindheit und Jugend zu haben, die Gefühle aus der Zeit erinnert und reflektiert zu haben. Für alle Pädagoginnen und Pädagogen sollte es eine natürliche Pflicht sein, sich in der Ausbildung mit den Gefühlen, Konflikten, Themen und Problemen der eigenen Kindheit auseinanderzusetzen. Wer dies nicht ausführlich getan hat, sollte nicht pädagogisch arbeiten können. Der fachliche Anteil in der Lehrerausbildung ist wichtig, aber der didaktische und emotionale ist um ein Vielfaches bedeutsamer. Wer die Kinder nicht emotional erreicht, der ist ein Pauker. Wer sie zusätzlich beschämen muss, der beharrt darauf.

Das dreigliedrige Schulsystem – zählt man die Sonderschule hinzu, ist es sogar ein viergliedriges – ist für Kinder aus unteren sozialen Schichten, für behinderte Kinder und besonders für Kinder aus Familien mit Migrationshintergrund diskriminierend und beschämend. Diejenigen, die nach dem Leistungsprinzip aussortiert werden, versammeln sich in der Sonderschule. Während in Deutschland der Anteil der Sonderschüler mit 5 % relativ hoch ist, sind die Sonderschulen in Finnland weitgehend abgeschafft. Und gleichzeitig beginnen dort 70 % der Jugendlichen nach dem Abitur mit einem Studium. In Deutschland sind die meisten Jugendlichen froh, das Martyrium Schule hinter sich zu haben, und können sich immer weniger für ein Studium als Fortsetzung der Schule begeistern, während dies in Finnland genau umgekehrt ist. Wer positive Erfahrungen in der Schule macht, wer dort mit Achtung und Respekt behandelt wird und die eigene Schullaufbahn nicht mit permanenter Beschämung verbindet, der freut sich eben auf ein Studium.

Wenn das ganze Schulsystem auf Selektion und einseitiger Förderung der Leistungsstarken bei gleichzeitigem Ausgrenzen der Leistungsschwachen ausgerichtet ist, dann bedeutet das für den zwischenmenschlichen Umgang nicht nur Leistung und Konkurrenz, sondern oftmals auch Herabsetzen, Entwürdigen und Beschämen. Beschämungen führen zu seelischen Verletzungen, auch zu einer erhöhten Verletzlichkeit, einer sogenannten Vulnerabilität. Beschämte Kinder leiden unter ihrer Scham und haben daher weniger Selbstvertrauen, besonders wenn die Beschämung von einem Lehrer oder einer Lehrerin ausgeht, die dem Kind wichtig und bedeutsam ist. Nach mehreren Beschämungen werden sie leicht in das Selbstbild des Kindes aufgenommen. „Ich kann nichts. Ich bin blöd. Ich kapier' das nicht. Ich werde das nie schaffen. Das hat doch gar keinen Sinn, dass ich es versuche ..." Wenn das Kind erst solch ein negatives Selbstkonzept entwickelt hat, dann hat es kein Selbstvertrauen mehr. Es fühlt sich nicht mehr dazugehörig, hat keinen Bock mehr auf die Schule, verweigert sich aus einem trotzigen Selbstempfinden heraus. Umgekehrt gilt: Erfolgserlebnisse oder ein ausgesprochenes Lob wirken sich förderlich auf die Leistungsmotivation des Kindes und auf ein positives Selbstbewusstsein aus. Das Selbstvertrauen steigt. So lautet das Fazit einer empirischen Untersuchung von Erziehungswissenschaftlern: „Was Lehrer mit ihren Dummheitszuschreibungen anrichten, bewirkt das Gegenteil von Förderung: Sie demotivieren, verunsichern, entmutigen, sie bewirken Wut, Hass, Zorn und Abneigung gegen das Fach ... Es sind nicht nur einige wenige „schwarze Schafe" ... Auf die Frage, ob sie von einem ihrer Lehrer als dumm erklärt wurden, antworteten 30 % aller Befragten mit Ja. Die Frage, ob sie als ungeeignet für die Schule bezeichnet wurden, bejahten 26 Prozent. 12 Prozent erwähnten, dass und wie ihnen die Lernfähigkeit abgesprochen wurde. Bezogen auf die Gesamtzahl der Befragten sind 7,7 Prozent in ihrer Schulzeit den geschilderten Angriffen ausgesetzt gewesen" (Krumm, zit. nach Singer, 188–189). Und insgesamt 76 % der befragten Studenten erklärten, dass die Kränkungen aus der Schule sie noch heute beschäftigen und in ihrem Lernverhalten beeinflussen würden.

Wie immer die Schule der Zukunft aussehen mag, sie muss der emotionalen Bildung im Vergleich zur fachlichen eine viel größere Bedeutung einräumen, und sie kann nur begründet sein auf Respekt und Achtung zwischen allen Beteiligten. Aus einer Bildungsperspektive wäre es viel wichtiger, die Neugier als eine Haltung der Kinder und Jugendlichen zu fördern und ihren individuellen Neigungen und Fähigkeiten Raum zu geben, als einen bestimmten Lehrstoff zu vermitteln. Denn in der Schule geht es auch um ein Einüben in Gemeinschaft, um eine „Schule der Gefühle" (Flaubert), um eine Schule der menschlichen Beziehungen. Eine ganz besondere Form einer menschlichen Beziehung auf der Basis von Schamlosigkeit ist ein Schambündnis.

## Schambündnisse

Schamlosigkeit kann verbinden und zu wahrhaften Schambündnissen führen. Wenn sich beide Partner schamlos verhalten und sich darin einig sind, dass kein anderer von ihrer Schamlosigkeit erfahren darf, dann gehen sie ein Bündnis ein, das beide sehr aneinander bindet. Dieses Schambündnis kann man mit einem Wort erfassen: Korruption.

Korruption ist kein Phänomen sogenannter Entwicklungsländer in Afrika, Asien oder Südamerika, sondern Alltag in Deutschland. Ein Staatssekretär im Bundesverteidigungsministerium empfing von einem Rüstungslobbyisten

Millionen für seine Dienste. Er wurde „beatmet", wie man das Bestechen im Fachjargon nennt. Worin diese Dienste bestanden, muss noch nach Jahren gerichtlich geklärt werden. Schmiergeld floss beim Bau einer Kölner Müllverbrennungsanlage, beim Bau des Münchener Fußballstadions, bei der städtischen Wohnungsbaugesellschaft in Wuppertal oder bei den Sportchefs des Hessischen und Mitteldeutschen Rundfunks. Helmut Kohl war in eine Korruptionsaffäre verwickelt, in Hessen gab es eine Parteispendenaffäre. Die Schmiergeldaffäre bei Volkswagen stellte bis dahin alles in den Schatten, was die Republik an Korruption kennengelernt hatte. Es ging um unkontrollierte Betriebskassen, eingeflogene Prostituierte und mehrwöchige Lustreisen.

Bei der Korruption handelt es sich um eine systematische Schamlosigkeit, da Menschen gezielt angeworben und bestochen werden, um sich selbst oder einem Dritten Vorteile zu verschaffen. Korruption ist schamlos, weil die eigenen Interessen egoistisch und rücksichtslos verfolgt werden; der Schaden anderer bleibt meist anonym und wird billigend in Kauf genommen. Im Beamtendeutsch des Bundeskriminalamtes (BKA) formuliert, ist Korruption der „Missbrauch eines öffentlichen Amtes, einer Funktion in der Wirtschaft oder eines politischen Mandats zugunsten eines Anderen, auf dessen Veranlassung oder Eigeninitiative, zur Erlangung eines Vorteils für sich oder einen Dritten, mit Eintritt oder in Erwartung des Eintritts eines Schadens oder Nachteils für die Allgemeinheit (in amtlicher oder politischer Funktion) oder für ein Unternehmen (betreffend Täter als Funktionsträger in der Wirtschaft)" (BKA, 4). Eine besondere Form der Korruption ist der Nepotismus, zu Deutsch die Vetternwirtschaft, im Schweizerdeutsch die Vetterliwirtschaft. *Nepos* ist in der lateinischen Sprache der Vetter oder auch Enkel, der Ausdruck bezieht sich aber im weiteren Sinne auf die gesamte Nachkommenschaft. Man begünstigt halt die eigenen Leute, weil man ja in einer von Misstrauen und Betrug geprägten Welt nur noch der eigenen Familie und dem engsten Freundeskreis vertrauen kann. Insofern ist aus der Sicht korrupter Menschen der Begriff Korruption viel zu hart gewählt.

Man unterscheidet zwischen situativer und struktureller Korruption. Die situative entsteht eher spontan aus der Situation heraus, die strukturelle dagegen ist die eigentliche Korruption, weil sie systematisch geplant wird. Bei der strukturellen Korruption werden persönliche Beziehungen aufgebaut mit dem Ziel, sich oder anderen einen Vorteil aus der Beziehung zu verschaffen. „Bei struktureller Korruption handelt es sich um Fälle, bei denen die Korruptionshandlung auf der Grundlage längerfristig angelegter korruptiver Beziehungen bereits im Vorfeld der Tatbegehung bewusst geplant wurde" (BKA, 4). Selbst für das BKA sind die „Verfahren der situativen Korruption von eher untergeordneter Bedeutung" (BKA, 5).

In die Korruptionsstatistik gehen natürlich nur die bekannt gewordenen Fälle ein, man muss von einer sehr hohen Dunkelziffer ausgehen. „Der Schwerpunkt der polizeilich bekannt gewordenen Fälle der Korruption betrifft – wie schon in den Jahren zuvor – auch im Jahre 2007 die allgemeine öffentliche Verwaltung. Hierbei standen behördliche Dienstleistungen im Vordergrund, gefolgt von den Bereichen ‚Vergabe öffentlicher Aufträge' und ‚sonstiges Verwaltungshandeln'" (BKA, 8). Der hohe Anteil der Korruptionsfälle in der öffentlichen Verwaltung ist jedoch kein ernsthafter Hinweis auf die besondere Korruptionsanfälligkeit dieses Bereichs im Vergleich zur privaten Wirtschaft. Die private Wirtschaft versteht es nur, ihre Korruption besser zu tarnen und zu verbergen. Selbst bei erwiesenen Korruptionsfällen ist die Privatwirtschaft sehr häufig nicht daran interessiert, dass diese öffentlich werden, weil sie meist an einer guten weiteren Zusammenarbeit interessiert ist, denn es handelt sich nicht selten um gute Kunden, mit denen man es sich nicht verderben will. Dabei gibt es ganze Wirtschaftsbereiche, die sich auf Korruption spezialisiert haben. „Am schlimmsten ist die Korruption, wie internationale Untersuchungen zeigen, beim Waffen- und Drogenhandel, in der Bau- und Energiewirtschaft und im Gesundheitswesen. In deutschen Amtsstuben gibt es problematische Einfallstore bei den Bauverwaltungen, bei Führerscheinstellen, Ausländerämtern, Sozialämtern; aber auch die Zollverwaltung und die Polizei sind nicht frei von Korruption" (Martiny).

Wer ist an der Korruption beteiligt? Man unterscheidet zwischen Nehmern und Gebern. Die Nehmer sind diejenigen, die etwas annehmen, die also bestochen werden, und Geber sind diejenigen, die etwas geben, also andere bestechen. Da beide Beteiligten von dem Spiel wissen, ist die Scham gleich verteilt und bindet beide aneinander: Insofern kann man von einem Schambündnis sprechen. Der Nehmer wird zunächst beschämt, weil er etwas annimmt, ohne dafür eine Leistung erbracht zu haben. Diese Scham kann er ausgleichen, indem er die Leistung nachliefert. Diese nachgelieferte Leistung ist in der Regel illegal, sein Verhalten ist korrupt, sodass er sich auch dafür schämen müsste. Aus dieser doppelten Scham und Beschämung resultiert eine enge Bindung an den Geber, die meist mit einer Rationalisierung begründet werden muss. Rationalisierung bedeutet, dass durch eine nachträgliche Begründung eine Rechtfertigung für das eigene Fehlverhalten geliefert werden muss. Solche Begründungen können sein: „Das schadet doch keinem! Das machen doch alle! Wenn ich es nicht mache, dann macht es ein anderer! Wir profitieren doch beide davon, das ist eine klassische Win-Win-Situation! So ist das Geschäft, das hat nun einmal nichts mit Moral zu tun!"

Der Geber versucht sich durch die Bestechung in der Regel einen Wettbewerbsvorteil zu verschaffen. Auch er beruhigt sich mit solchen Rationalisierungen. Falls er klug wirtschaftet, kann er sich sogar von dem Wettbewerbsvorteil einen Teil der Einnahmen für mögliche Strafen beiseitelegen. Denn in der Regel ist der Gewinn größer als der mögliche

Schaden. Er kann es ja mal probieren: Wenn der andere nicht anbeißt, hat man eben Pech gehabt, und falls jemand ernsthaft Schwierigkeiten machen sollte, dann war das alles ein Missverständnis, man wollte sich nur für die guten Geschäftsbeziehungen bedanken. Selten sind es die Nehmer, die das Ganze auffliegen lassen, sondern vielmehr neidische Konkurrenten, aber die müssen das erst einmal nachweisen können. Man trifft sich im Golfclub oder macht eine private Reise zusammen, denn man versteht sich. Wer will da Böses denken? So begeben sich Geber und Nehmer in ein stabiles Geheimbündnis, das durch einen eigenen Secret Code abgesichert wird. Die Scham wird abgewehrt durch Rationalisierungen oder Projektionen: Wer sich beschwert, ist einfach nur neidisch oder betreibt systematisches Mobbing.

Bemerkenswert ist auch die Dauer der korruptiven Beziehung, die in der Mehrzahl bei drei bis fünf Jahren liegt. Es sind also keine einmaligen Akte, es geht nicht um ein einziges Bauvorhaben, sondern um eine jahrelange Beziehung, von der beide Beteiligten in quasi symbiotischer Art einen gegenseitigen Nutzen haben. Während aber bei Symbiosen ein gegenseitiger Nutzen besteht, ohne anderen Wesen zu schaden, ist dies bei der Korruption genau nicht der Fall. Wenn der kleine Vogel dem Nashorn die Kleinlebewesen aus der dicken Haut pickt, dann haben beide etwas davon: das Nashorn eine saubere Haut und der Vogel Nahrung. In einer korruptiven Beziehung haben auch beide etwas davon, nur – die Zeche zahlen andere. Denn meistens geht es ganz profan um Geld. Die Regel ist, dass der Geber den Nehmer mit Bargeld besticht, denn mit Geld kann sich jeder das kaufen, was er am liebsten hat oder am meisten braucht. Erst danach folgen Sachzuwendungen (21 %), Bewirtung und Feiern (15 %) sowie Reisen und Urlaub (11 %).

Welcher Schaden entsteht durch Korruption in Deutschland? „Eine seriöse Aussage zu den durch Korruption verursachten Schäden ist nicht möglich, da sich die auf Geberseite erlangten monetären Vorteile durch korruptiv erlangte Aufträge und Genehmigungen nur schwer beziffern lassen. Oftmals ergeben sich aus dem korruptiven Handeln Folgeschäden (Arbeitsplatzverluste, Umweltschäden, Verteuerungen durch Preisabsprachen etc.) bzw. nicht bezifferbare immaterielle Schäden, wie z. B. ein Vertrauensverlust des Bürgers in staatliches Handeln" (BKA, 16). Generell ist die Ermittlung und Strafverfolgung in Korruptionsfällen schwierig, weil es keine direkt geschädigten Opfer gibt. Wer korrupte Kollegen beim Chef anschwärzt oder verpfeift, gilt als Denunziant oder als jemand, der Mobbing betreibt. In den USA erhalten sie einen Status, der Kronzeugen ähnelt. Solche „Whistleblower" gibt es in Deutschland ebenso wenig wie ein Zeugenschutzprogramm. Das macht die Verfolgung der Korruption äußerst schwierig.

Der Siemens-Skandal war die bislang größte Korruptionsaffäre in der deutschen Wirtschaftsgeschichte. Der international operierende Konzern zahlte in den Jahren 2000 bis 2006 insgesamt 1,3 Milliarden Euro an Schmiergeldern an Regierungsmitarbeiter für die Vergabe von Aufträgen, häufig für U-Bahnen und Mobilfunksysteme. Die Bestechung reichte von einem System für elektronisch lesbare Pässe in Argentinien bis zu Verkehrsprojekten in Russland. Im Jahre 2008 einigte sich der Konzern mit dem US-Justizministerium und der US-Börsenaufsicht auf eine Strafzahlung von 800 Millionen Dollar, weitere 600 Millionen Euro werden in Deutschland gezahlt. Damit hat Siemens ungefähr den Betrag an Strafzahlungen zu leisten, der auch an Bestechungsgeldern geflossen ist. Wie groß der durch die Bestechungen erzielte Gewinn war, ist weiterhin eine offene Frage.

Konkurrenz ist gut und belebt das Geschäft, wenn sie offen ist. Korruption verzerrt den Wettbewerb und schadet allen anderen, die an diesem Zweck- und Schambündnis nicht beteiligt sind. Wie geht es weiter mit der Korruption in Deutschland? Das BKA hat eine eher düstere Prognose: „Tendenziell dürfte mit steigenden Fallzahlen zu rechnen sein" (BKA, 16). Man kann Transparency International nur viel Glück wünschen, die selbst meinen, dass schärfere Gesetze nicht ausreichen, sondern dass ein verändertes Bewusstsein erforderlich sei (Martiny, 13). Juristische Strafandrohungen oder moralische Forderungen zeigen keine Wirkung, solange das Schambündnis nicht aufgelöst wird.

## Keiner ist verantwortlich

Während man bei der korruptiven Beziehung zwei Parteien in einem Schambündnis identifizieren und letztlich auch verantwortlich machen kann, erscheint dies bei der derzeitigen großen Finanz- und Wirtschaftskrise unmöglich. Anscheinend gibt es nicht nur persönliche und lokale, sondern im Zeitalter der Globalisierung auch globale Schamlosigkeiten.

Die weltweite Finanzkrise mit ihren ungeheuren Auswirkungen auf die Staatshaushalte, die sogenannte Realwirtschaft, die geopolitischen Beziehungen und vor allem die soziale Lage der Völker wirft immer noch viele Fragen auf: Wie wurde die Krise ausgelöst? Wie konnten sich so viele Faktoren und Prozesse auf so fatale Weise gegenseitig verstärken: Wann und mit welchen Maßnahmen hätte die Krise verhindert werden können? Welche Lehren müssen daraus für die Zukunft gezogen werden? Und letztlich: Wer ist eigentlich dafür verantwortlich? Es hat den Anschein, dass einfache Antworten nicht weiterhelfen. Nahezu alle Fachleute der Welt haben sich dazu geäußert, Konferenzen abgehalten, Ursachenforschung betrieben, Konzepte, Rettungspakete und Notprogramme entworfen. In der Bewertung scheint man sich aber im globalen Dorf begrifflich einig zu sein: gierig, schamlos, unmoralisch. Die Menschen haben Wut im Bauch, aber wenn die Schuld und die Verantwortung anonym bleiben, dann weiß die Wut nicht, gegen wen sie sich richten soll.

Wenn selbst die Worte des deutschen Bundespräsidenten oder des US-Präsidenten über die Schamlosigkeit der Banker ohne Antwort im Raum verhallen, keine Entschuldigung ausgesprochen wird, keine Verantwortung übernommen wird, dann macht sich hilflose Wut breit.

An der Spitze der Verursacher der Misere rangieren derzeit gierige Investmentbanker, denn sie eignen sich besonders gut und tun selbst alles dafür, dass dies auch so bleibt. Während die Finanzkrise langsam in der Realwirtschaft ankommt und dort zu massiven realen Problemen wie Arbeitslosigkeit, Produktionseinbußen oder ruinierten Staatshaushalten führt, vergeht kein Tag, an dem nicht irgendwo von einem Investmentbanker ein Prozess geführt wird: Diejenigen, die mit dem Geld der Anleger als Global Player ein internationales Casino geführt haben, die jahrelang profitabel gezockt haben, bis das ganze Kartenhaus zusammenbrach, die in ihrer Arbeit auf schamlose Weise nicht mehr daran gedacht haben, mit wessen Geld und Schicksal sie zocken, die sich über Jahre horrende Sonderzahlungen eingestrichen haben, die in der Höhe nur noch mit den Gehältern der internationalen Sportstars vergleichbar sind, diese Investmentbanker klagen auf Zahlung ihrer letzten Boni in Milliardenhöhe. Diese Zahlungen sollen aus einem Topf geleistet werden, der am öffentlichen Tropf hängt. Die Banken und Institute sind pleite, sie wurden mit öffentlichen Geldern in Milliardenhöhe vor dem Ruin gerettet, und nun kommen die ehemaligen Finanzmanager, die diese Krise zumindest mit zu verantworten haben, und klagen auf Herausgabe ihrer vereinbarten Bonuszahlungen aus den Hilfsgeldern der Steuerzahler. Mit einem älteren Begriff nennt man dies Chuzpe. Eine beispielhafte Definition für Chuzpe lautet: Wenn ein junger Mann seine Eltern erschlägt und danach Waisenrente beantragt, dann ist das Chuzpe. In solch einer Schamlosigkeit steckt eine gehörige Portion Aggression, die eine heftige Gegenaggression hervorruft. Die Finanzmanager können von Glück sagen, dass die Menschheit mittlerweile recht zivilisiert ist. Nicht wenige von ihnen sind mittlerweile auch an einsamen Stellen der Erde abgetaucht und lassen die Prozesse von ihren Anwälten führen, die sie über internationale Konten bezahlen. Damit kennen sie sich ja aus.

Ein seriöser Schweizer Bankier der alten Schule kommt zu der Einschätzung, in den letzten Jahren hätten zu viele Leute riesige Profite ohne eigenes Verlustrisiko gemacht, der Staat habe alles umsonst abgesichert und damit den Markt verzerrt, die Öffentlichkeit sei dabei über den Tisch gezogen worden, und es gebe in dem Geschäft zu viele öffentliche Bekenntnisse und zu wenig moralisch begründete Haltungen. Sein Fazit: „In einem Kartell, das halb kriminelle Züge hat, sahnt der, der schamlos genug ist, sauber ab" (Mangold 2009).

Die Investmentbanker sind viele Jahre lang in ein Casino gegangen, haben dort mit viel Geld gespielt, aber sie haben die Spielregeln nicht geschrieben, sondern lediglich exzessiv ausgenutzt.

So entstand ein Szenario, an dem viele beteiligt waren: Die Gier nach immer mehr Geld aufseiten der Anleger, die durch jahrelange Gewinne genährt wurde, zusammen mit den liberalen Spielregeln für die internationalen Finanzmärkte von staatlicher und politischer Seite, die besonderen Fähigkeiten internationaler Investmentbanker, durch immer neue Finanzkreisläufe künstlich Geld zu schleusen und zu vermehren, und die Rückendeckung vonseiten der Vorstände der internationalen Banken und Finanzinstitute. Es gibt mittlerweile nicht wenige Fachleute, die meinen, dass man sich nicht über die Manager aufregen sollte, sondern über das System, in dem selbst die Vorstände nur ein Rädchen seien. Das Ziel der kurzfristigen Profitorientierung beispielsweise sei das Problem: Wer solche Anreize schaffe, der müsse nun mal mit den Folgen leben. Man vergleicht dies mit dem „Kobra-Effekt" aus der Zeit der britischen Kolonialherrschaft in Indien. Damals gab es eine Schlangenplage, und der britische

Gouverneur setzte eine Prämie auf tote Schlangen aus. Die Konsequenz war: Die Leute haben die Giftschlangen gezüchtet und immer mehr tote Tiere abgeliefert. Als die Regierung das stoppte, haben die Menschen die Schlangen, die sie noch hatten, freigelassen – und die Plage war schlimmer als je zuvor. Ähnliches passiert heute in den Unternehmen" („Es kommen die Falschen nach oben". Ein Gespräch mit dem Psychologen Rüdiger Hossiep, Die Zeit, 30.4.2009). Wer ist also schuldig? Wer trägt die Verantwortung? Diese Frage zu beantworten ist nicht einfach, und trotz der massiven Folgen predigen bereits viele Verantwortliche, die an der Aufdeckung wenig Interesse haben, man solle doch wieder optimistisch in die Zukunft sehen. Was ist Optimismus? Ein Mangel an Information!

Wir kennen die Ursachen nicht oder noch nicht, aber wir kennen die Folgen. Der Staat Kalifornien ist die achtgrößte Volkswirtschaft der Welt, ungefähr gleichauf mit Frankreich. Hier haben sich im Sommer 2009 die Folgen der internationalen Finanzkrise eindringlich gezeigt. Auch hier ist die Blase geplatzt, aber mit welchen Folgen für die Bevölkerung! Milliarden Dollar sollen eingespart werden im Gesundheitswesen, in der Bildung und im Sozialbereich. Kalifornien hat ein Haushaltsdefizit von über 26 Milliarden Dollar. Gouverneur Schwarzenegger hat daraufhin den Finanznotstand ausgerufen und erklärt, er werde keine Steuererhöhungen oder kosmetischen Einsparungen akzeptieren. Die nun beschlossenen Einsparmaßnahmen umfassen 15 Milliarden Dollar. Als Sofortmaßnahme gehen erst einmal 200.000 Staatsangestellte in einen unbezahlten Zwangsurlaub, über Entlassungen wird weiter nachgedacht. Ebenso denkt man an die Schließung einiger Naturparks, an die Privatisierung von Staatsgefängnissen wie San Quentin oder an den Verkauf staatlicher Gebäude. Zehntausende alte Menschen fallen aus der Krankenversicherung, und in den Gemeinden werden Milliarden an Hilfsleistungen für Bedürftige eingespart. Von den Häftlingen in den Staatsgefängnissen werden viele freigelassen, um die Unterbringungs- und Bewachungskosten einzusparen. Die Einsparungen in Kalifornien treffen vor allem die Armen und die Alten. Sie haben im Wesentlichen darunter zu leiden, dass der Staat weniger Steuereinnahmen hat. Die Konjunktur hat sich drastisch verschlechtert, die Arbeitslosigkeit steigt. Mit ähnlichen Entwicklungen rechnet man mit der üblichen Zeitverzögerung auch in Deutschland. Die Folgen stellen die Politiker immer vor die gleiche Wahl: entweder drastisch die Ausgaben reduzieren oder durch eine höhere Staatsverschuldung die folgenden Generationen weiter belasten. Die Antwort ist seit Jahren die gleiche: Man macht beides, verteilt also die Lasten zwischen Gegenwart und Zukunft, und wartet derweil auf das berühmte Anspringen der Konjunktur.

Schamlos bleibt aber stets die Verteilung der Kosten. Seit einigen Jahren geht in Deutschland die Schere zwischen Arm und Reich immer weiter auseinander: Die Reichen werden immer reicher und die Armen immer ärmer. Im Jahre 2009 listete Forbes in seiner Liste der reichsten Menschen der Welt an oberster Stelle Bill Gates und Warren Buffet auf, die gesamte Liste umfasst 793 Milliardäre mit einem Gesamtvermögen von 2,4 Billionen Dollar. Damit hat die Welt durch die Krise 355 Milliardäre weniger, sie haben jetzt nur noch jeweils einige Hundert Millionen. Das mag im Einzelfall dramatisch sein, führt aber kaum zu Mitleidsgefühlen in der Bevölkerung – die andere Seite desselben Prozesses dagegen schon: Immer mehr Menschen leben in Armut.

So sind die Zahlen aus Deutschland eine Dokumentation der Schamlosigkeit: „Die Einkommen der ärmeren Schichten sind gegenüber dem Jahr 1992 preisbereinigt um 13 Prozent gesunken. Die Bezüge der Spitzenverdiener haben im selben Zeitraum um fast ein Drittel zugelegt ... Während das reichste Zehntel der Bevölkerung mittlerweile über fast 60 Prozent des bundesdeutschen Immobilien-, Aktien- oder Geldvermögens verfügt, haben die unteren Einkommensschichten gar nichts mehr – außer Schulden ... In Wahrheit besitzt das reichste Prozent der Bevölkerung 21 Prozent des Nettovermögens" (Deggerich u. a.). Derartige Unterschiede hat es in Deutschland zwar immer gegeben, aber seit einigen Jahren werden sie immer größer. 85 % der Deutschen sind der Meinung, dass es in Deutschland nicht mehr gerecht zugehe, und 95 % halten Deutschland nicht mehr für ein Land, das ihren Vorstellungen von sozialer Gerechtigkeit entspricht. Die Angst vor der Armut und ihren Folgen ist nicht mehr auf die unteren Einkommensschichten begrenzt, sondern hat weite Teil der Mittelschicht erfasst. Und was Armut bedeutet, lässt sich drastisch verdeutlichen: „Wer ärmer ist, muss früher sterben. Das klingt unglaublich, ist aber statistisch klar belegt. Eine heute 40 Jahre alte Kassenpatientin hat eine durchschnittliche Lebenserwartung von 82 Jahren. Eine ebenfalls 40-jährige Privatversicherte kann damit rechnen, 87 zu werden. Bei den 40-jährigen Männern ist der Unterschied noch gravierender. Der Kassenpatient hat eine Lebenserwartung von 77 Jahren, der Privatpatient kommt auf 84 Jahre" (Deggerich u. a. 2007). Es besteht die realistische Gefahr, dass derartige Ungleichheiten bzw. Ungerechtigkeiten durch die Krise noch verschärft werden.

Die Folgen der internationalen Finanzkrise sind also mehr als deutlich, aber die Ursachen bleiben im Nebel, der sich bestenfalls in der Zukunft lichtet. Wer trägt die Verantwortung? Die moderne Hybris ist nicht allein die Sache einzelner Menschen, die gierig, narzisstisch, egoistisch oder gar pathologisch sind. Es ist ein beliebter Versuch, das Unrecht dadurch zu verharmlosen, dass man es als Fehlhandlung einzelner schwarzer Schafe bezeichnet. Aber die moderne Hybris hat Netzwerke hervorgebracht, bei denen der umgekehrte Weg der Argumentation eingeschlagen wird: Nicht einzelne verirrte und gierige Menschen sind verantwortlich für die große Misere, sondern keiner mehr! Der eine schiebt es auf den anderen, und die Zeche zahlt die Bevölkerung. Die konzertierte Aktion ganzer Netzwerke, die man nur noch als schamlos und korrupt bezeichnen kann, hat im Ergebnis katastrophale Auswirkungen, für die vermeintlich kein einzelner Mensch mehr verantwortlich zu machen ist, sondern das wahrhaft systemische und synergetische Zusammenwirken vieler. Zugleich war wie immer alles gut gemeint, weit verbreitet und vollkommen legal. Und die Politik war nicht wie sonst in diesen Fällen nur ein stiller und geduldiger Mitwisser oder mit der Kontrolle schlicht überfordert. Nein, sie war der Akteur.

„In 150 ... deutschen Kommunen haben Bürgermeister, Kämmerer und Gemeinderäte jahrelang einem Geschäftsmodell vertraut, das eine einzige große Geldvernichtung war: Cross-Border-Leasing, Leasing über Staatsgrenzen hinweg. Dabei verkauft eine Gemeinde ihr öffentliches Eigentum wie Kläranlagen, Straßenbahnen oder Messehallen an einen ausländischen Geldgeber und mietet es anschließend zurück. Insgesamt wurde Infrastruktur im Wert von 100 Milliarden Euro verschoben ... Straßenbahnen in Essen, U-Bahnen in Berlin, Messehallen in Köln, Schulen in Gelsenkirchen, die Westfalenhalle in Dortmund ... – die halbe Republik wurde verscherbelt" (Kirbach, 13). Der Bund der Steuerzahler schätzt, dass bei diesen Aktionen bis zu 30 Milliarden Euro Verluste entstanden, die der Steuerzahler zu zahlen hat. Den Verantwortlichen, die diese Verträge abgeschlossen haben, waren die großen Risiken bekannt. „Aber keiner von denen, die den Schaden verursacht haben, soll zur Rechenschaft gezogen werden. Immerhin hatten es die Strafverfolger eilig, die Ermittlungen einzustellen, oder sie nahmen sie gar nicht erst auf" (ebd.). Denn zu einer Verurteilung hätte ihnen vorsätzliche Untreue nachgewiesen werden müssen. Und das schien den Gerichten unmöglich. Wie kam es dazu?

Amerikanische Investoren sollten einen Steuervorteil für solcherart „förderungswürdige Auslandsinvestitionen" erhalten, und die eingesparten Steuergelder wollten sie sich mit

den deutschen Leasingnehmern teilen. Die politisch Verantwortlichen in Deutschland witterten das große Geld, um
ihre chronisch leeren Stadt- und Gemeindekassen auszuglei-
chen. Sie lasen die umfangreichen Verträge nicht richtig und
hofften, dass alles gut gehen würde. Sie rechneten nicht mit
einem Störfaktor, schon gar nicht mit der Finanzkrise. Gerade der amerikanische Versicherungskonzern AIG galt als si-
chere Bank, und als der mit in die Krise hineingezogen wurde, musste alles umfinanziert werden – und das kostete Geld,
das allein die deutschen Leasingnehmer zu tragen hatten. So
stand es im amerikanischen Originalvertrag, den hierzulande
anscheinend keiner gelesen hatte.

Als besorgte Bürger schließlich Anzeige erstatteten, weil
die Millionenverluste zulasten der Steuerzahler auf die Ge-
bühren umgelegt werden sollten, wurden die Verfahren von
den Staatsanwaltschaften eingestellt. Zwar seien die Kommunen und ihre Vertreter zu sparsamer und wirtschaftlicher
Haushaltsführung verpflichtet, man könne den Verantwortlichen jedoch kein pflichtwidriges Verhalten nachweisen. Sie
hätten die Risiken ja nicht abschätzen können, weil sie die
Details der Originalverträge nicht gekannt hätten und das
Ausmaß der Finanzkrise nicht absehbar gewesen sei!? Vielleicht wäre es aber gar nicht zu einer Finanzkrise in solchem
Ausmaß gekommen, wenn es solche Finanzgeschäfte nicht
gegeben hätte? Jeder ökonomische Laienverstand weiß: Je höher der Gewinn sein soll, desto höher ist das Risiko! Aber diese Risikoabschätzung wurde nicht gemacht, denn sie klingt
altmodisch, wenn der Zeitgeist schnelle Gewinne verspricht
und der Kostendruck hoch ist. Die Leasingverträge wurden
für 99 Jahre abgeschlossen. Was kann alles passieren, wenn
eine Stadt die Wasserwerke, die Kläranlagen, die U-Bahn, die
Messehallen, die Schulen, das Kanalnetz, das Klinikum verkauft und dann für einen derart langen Zeitraum neu least?
Ein kurzes Brainstorming über die möglichen unkalkulier-
baren Risiken eines solchen Vertrages mit einer normalen

Gymnasialklasse im Fach Gemeinschaftskunde hätte eine Liste von Risiken ergeben, die nicht zu verantworten gewesen wären. Und was sind die Folgen dieser riskanten Finanzgeschäfte? In einer Stadt wie Hagen, die sich mit Zinswetten, sogenannten Spread-Ladder-Swaps, um 50 Millionen verzockt hat, werden folgende Maßnahmen erwogen: „Schließung aller Bäder außer dem Zentralbad, den Rat verkleinern, weniger Busse, Hunde- und Vergnügungssteuer erhöhen, Musikschulbeiträge anheben, das Ballett schließen und das Theater verkleinern, weniger Öffnungstage in den Museen, Schulen zusammenlegen, Bibliotheken schließen" (Kirbach, 15). Die Folgen der Kultur der Schamlosigkeit sind nicht abstrakt, sondern konkret und alltäglich und führen zu weiteren kulturellen Einbußen.

Die einfachen Steuerzahler müssen für diese Art schamloser Politik und Finanzwirtschaft gleich mehrfach büßen: Sie zahlen über Generationen für die Kosten und müssen heute konkret mit schweren Einbußen ihrer Lebensqualität zahlen. Und wenn sie sich selbst etwas zuschulden kommen lassen, werden sie natürlich zur Rechenschaft gezogen. So wird eine Kassiererin fristlos entlassen, weil bei ihr zwei Pfandscheine im Wert von 1,30 gefunden werden: Das Vertrauensverhältnis sei gestört. Ein Arbeiter der Müllabfuhr wird ebenfalls entlassen, weil er ein altes Stück Sperrmüll mit nach Hause genommen hat. „Der Prozess um drei angeblich gestohlene Brötchen ist mit einem Vergleich vor dem Arbeitsgericht Heilbronn beendet worden ... Das Krankenhaus hatte der Mitarbeiterin nach Jahren Betriebszugehörigkeit gekündigt, weil im Februar drei Brötchen in ihrem Spind gefunden worden waren. Das Vertrauen zu ihr sei nach dem Fund zerstört gewesen, sagte der Klinik-Personalchef" (Hamburger Abendblatt, 13.7.2009, 30). Schamlosigkeit scheint manchmal grenzenlos zu sein. Es gibt allerdings noch eine Steigerungsform dieser Schamlosigkeit, die schlimmste denkbare.

## Systematische Entmenschlichung

Je genauer man weiß, wie Scham entsteht und sich entwickelt, desto gezielter kann man Menschen beschämen, demütigen, erniedrigen oder verachten. Je besser man dies für einen bestimmten Menschen sagen kann, desto genauer kann man ihn foltern. Wenn man die Angst eines Menschen vor der Dunkelheit kennt, wenn man um seine panische Angst vor Hunden weiß, wenn man weiß, wie unerträglich für ihn Isolation ist oder wie sehr er unter einem chronischen Schlafentzug leidet, kann man diesen Menschen desto gezielter zerstören. Man sperrt ihn allein in einen dunklen Raum, beschallt ihn permanent mit Musik, hetzt scharfe Hunde auf ihn. Besonders die individuelle Kombination verschiedener Foltermethoden soll sehr wirksam sein.

Die Unmenschlichkeit hat sich schon immer das Wissen um die menschlichen Bedürfnisse, Verletzlichkeiten, Abhängigkeiten oder Kränkbarkeiten zunutze gemacht. Und die sogenannten Fachleute – Mediziner, Psychologen, Wissenschaftler und Forscher – haben sich teilweise enthusiastisch daran beteiligt. Endlich konnten sie frei forschen, jede Begrenzung missachten, mussten keine Rücksicht mehr auf ethische Richtlinien nehmen oder konnten sich sogar in den Dienst einer noch höheren Sache stellen, als einfach nur der Menschlichkeit zu dienen. Sie konnten sich endlich mit dem Teufel verbinden, einem Führer dienen, Gott selbst herausfordern, seine Schöpfung infrage stellen oder sich einem Anti-Terror-Kampf zum Schutz von Freiheit und Demokratie anschließen. Argumentiert wurde mit der Freiheit der Wissenschaft, gemeint war aber stets die mögliche größere persönliche Bedeutung, das narzisstische Streben nach Ruhm.

So hat die Bush-Regierung zwischen 2002 und 2005 vier Gutachten in Auftrag gegeben, wie man systematisch foltern kann, ohne dass man es so nennen muss und ohne dass juristisch relevante Folgen entstehen. Dabei wurden von den

Wissenschaftlern präzise Antworten auf wesentliche Fragen des Folterns gegeben: „Welche Temperatur darf das eisige Wasser nicht unterschreiten, mit dem die Gefangenen abgespritzt werden? Fünf Grad. Wie viele Tage hintereinander kann ein Häftling des Schlafes beraubt werden? Maximal elf. Wie lange darf das simulierte Ertränken, das Waterboarding, dauern, und wie viel Wasser darf dem Opfer dabei in Mund und Nase geschüttet werden? Wie häufig müssen Ärzte den Zustand eines Gepeinigten untersuchen, und wie soll ein Verdächtiger geschlagen werden? Mit der flachen Hand, die Finger leicht gespreizt; Ringe und anderer Schmuck sind vor dem Schlag von der Hand zu entfernen" (Wefing 2009, 1). Beim Waterboarding wird das Opfer hingelegt und gefesselt, und dann werden Unmengen Wasser über das Gesicht geschüttet, sodass es nur noch Wasser trinken muss und keine Luft mehr bekommt. Dies löst bei allen Menschen in kürzester Zeit Panik aus. Khalid Scheich Mohammed, der mutmaßliche Chefplaner der Anschläge vom 11. September, wurde allein im März 2003 insgesamt 183 Mal dem Waterboarding ausgesetzt, seine Folterungen dauerten 20 Stunden am Stück. Kurzer Rückblick: Nach dem Zweiten Weltkrieg haben amerikanische Richter in Militärtribunalen Japaner angeklagt, amerikanische Soldaten mit dem Waterboarding gefoltert zu haben. Sie sprachen eindeutig vom Waterboarding als Folter. Ihre damaligen Urteile waren in milden Fällen Arbeitslager, in schweren Fällen Tod durch Erhängen. Während der Bush-Regierungszeit wurde immer wieder behauptet, das Waterboarding sei keine Folter, sondern nur eine harte Verhörmethode, die durch die Gefahr, die von Terroristen ausgehe, gerechtfertigt sei.

Die Folterer von Khalid Mohammed konnten ihn nur deshalb so lange foltern, weil sie ausblendeten, dass auch er ein Mensch ist, und weil sie die von ihm ausgehende Gefahr als Legitimation ansahen, ihn notfalls auch zu Tode zu verhören. Da die amerikanische Verfassung bestimmte Methoden auf amerikanischem Boden verbietet, wurden regelmäßig Verdächtige zur Folter in befreundete Staaten gebracht. Die Folterer sehen in den Opfern keine Menschen mehr, sonst würde sie das Foltern selbst traumatisieren. Die unmenschliche Misshandlung und Folter von Menschen durch Menschen setzt den Verlust der Scham bei den Tätern voraus und hat die Beschämung der Opfer zum eigentlichen Ziel.

Auch Psychologen entwickelten ihren besonderen Beitrag zur Folter, indem sie Methoden erfanden, überprüften und anwendeten, die keine äußerlichen Spuren hinterlassen und damit die Folter nicht mehr als solche erkennbar sein lassen. Sie nannten dies Clean Torture, White Torture oder Psychological Torture. Dabei wird den Menschen die räumliche und zeitliche Orientierung genommen, sie werden vollkommen isoliert, willkürlich über Stunden mit Lärm oder Musik beschallt, systematisch am Schlaf gehindert, über Tage hinweg grellem Licht ausgesetzt, sodass sie den Schlaf-Wach-Rhythmus verlieren, sie werden gezwungen, in bestimmten körperlichen Stellungen zu verharren, indem man sie anschnallt oder fesselt, und sie werden systematisch erniedrigt. Man zwingt sie, in Gegenwart ihrer Peiniger zu masturbieren, lässt sie tierische Laute ausstoßen, führt sie wie ein Hund an der Leine und verhöhnt sie währenddessen unablässig. Das Ziel dieser Folter ist es, den Willen der Person zu brechen, den Gefolterten zu demütigen, zu erniedrigen, seine Persönlichkeit zu zerstören. Dementsprechend tragen diese Foltermethoden, wie sie in den Protokollen der Verhöre von Guantanamo-Häftlingen erwähnt werden, auch „schillernde Namen wie Pride and Ego down, Fear up Harsh oder Invasion of Space by a Female. Hinter Pride and Ego down verbirgt sich beispielsweise, muslimische Gefangene nackt vor weiblichen Aufsehern zu verhören oder in Frauenunterwäsche posieren zu lassen. Auch erzwungenes Masturbieren oder das Vorführen von „Kunststücken" wie ein dressierter Hund gehören dazu. Verbunden mit mehrtägigem Schlafentzug, sensorischer Deprivation und Desorientierung sowie stundenlangem Verharren in starren Körperhaltungen destabilisiert dies die Gefangenen derart, dass es schließlich zu willfähriger Unterwerfung kommt. Immer wieder rechtfertigen die Befürworter solche Methoden damit, es gehe hier um die Beschaffung sicherheitsrelevanter Informationen. Tatsächlich zielt die beschriebene Praxis aber in fast allen Fällen vorrangig auf Disziplinierung, Demütigung und Erniedrigung" (Mausfeld 15.7.2009, 3).

Solche systematischen Methoden der Beschämung, Demütigung und Erniedrigung werden aber nicht nur bei den sogenannten Feinden der Demokratie eingesetzt, sondern bis zu einem gewissen Grad auch bei den eigenen Soldaten, die diese Freiheit verteidigen sollen. Um sie für kriegerische Einsätze brauchbarer zu machen, das heißt sie abzustumpfen, ihr Mitgefühl zu mindern und ihre Gewaltbereitschaft zu erhöhen, werden sie in der Ausbildung systematisch beschämt und erniedrigt. Wer so behandelt wird, der stellt immer mehr seine Empathiefähigkeit ein, der schaltet seine eigenen Gefühle ab, um diese Misshandlungen ertragen zu können. Das Opfer versucht, sich unempfindlich zu machen. Geschieht die Behandlung lange genug, dann setzen seelische Abspaltungen ein – sogenannte Dissoziationen als Gegenteil von Assoziationen –, wie wir sie von Traumaopfern kennen. Dissoziation bedeutet, dass die Gefühle abgespalten werden, um eine Misshandlung durchzustehen. Es hilft den Opfern, wenn sie denken können: Meinen Körper kannst du quälen, aber MICH kriegst du nicht! Es ist eine Überlebensstrategie bei Traumatisierungen. Wenn die Opfer aber erst einmal ihre Gefühle abgespalten haben, dann können sie später den Hebel nicht einfach wieder umlegen und ihre Gefühle einschalten, wie sie es möchten. Die Gefühle bleiben abgeschaltet, sie sind zu einfachen menschlichen Empfindungen dann häufig nicht mehr in der Lage. Viele Vietnam-Veteranen litten unter solchen typischen Traumatisierungen, die man das Posttraumatische Belastungssysndrom (PTBS) nennt. Philip Roth hat es in seinem Buch *Der menschliche Makel* auf eindringliche und zugleich schreckliche Weise beschrieben. Und die Erfahrungen der Irak-Heimkehrer haben die wissenschaftlichen Kenntnisse über PTBS mehr als vertieft.

Diese Erkenntnisse haben sich die Folterer und ihre Begleitforscher zunutze gemacht, indem sie aus einem wichtigen menschlichen Schutzmechanismus und einer Überlebensstrategie einen Ausbildungsplan für einen unempfindlichen Soldaten gemacht haben, der aufgrund seiner abgespaltenen Gefühle besser foltern kann, leichter und schneller auf Menschen schießen und auch besser töten kann. Die Soldaten werden auf diese Weise in ihrer Ausbildung stumpf und dumpf, zu gefühllosen Kampfmaschinen gemacht. Ihnen wird die Menschlichkeit abtrainiert. Wer über längere Zeit gedemütigt, beschämt und erniedrigt wird, der verliert seine menschlichen Regungen und Empfindungen. Dies kann man nahezu mit jedem Menschen erreichen, bei manchen dauert die persönliche Zerstörung nur etwas länger.

Das Prinzip ist stets das gleiche, nur die Mittel und Wege ändern sich. Massenvergewaltigungen der Frauen der Feinde waren schon immer eine bevorzugte Methode, den Feind zu demütigen. Und die vergewaltigten Frauen mussten die Kinder der Vergewaltiger gebären. Es ist unfassbar, wie unmenschlich Menschen werden können. Und die Schamlosigkeit ist eine der ersten Voraussetzungen dieser Entmenschlichung. Wenn der Feind nicht mehr als Mensch gesehen wird, sondern als Untermensch, als Barbar, Bolschewist oder Terrorist. Dann ist Folter nicht mehr Folter, ein Terrorist kein Mensch mehr und ein Krieg kein Krieg mehr. Wer in Afghanistan nur den Terrorismus bekämpft, der versucht auf diese sprachliche Weise zu vermeiden, den Krieg beim Namen zu nennen. Einer Schamlosigkeit folgt stets die nächste – auch das ist eine Spirale der Schamlosigkeit. Die Diskussionen um die Frage, ob sich Deutschland in Afghanistan im Krieg befinde oder ob es sich lediglich um einen militärischen Einsatz zur Terrorbekämpfung handele, ist ein Beispiel dafür. Und wer als Soldat die Scham nicht ausgehalten hat, der kommt traumatisiert zurück nach Hause. Er hat die Erfahrung gemacht, was er verlieren kann, wenn die Schamlosigkeit des Krieges erlaubt ist.

*Wir philosophieren nicht, um zu erfahren,*
*was ethische Werthaftigkeit sei,*
*sondern um wertvolle Menschen zu werden.*
Aristoteles,
*Nikomachische Ethik*

*Der Reiz der Erkenntnis wäre gering,*
*wenn nicht auf dem Weg zu ihr*
*so viel Scham zu überwinden wäre.*
Friedrich Nietzsche,
*Jenseits von Gut und Böse*

*Alle Umkehr und Erneuerung*
*muss bei mir selber anfangen!*
Dietrich Bonhoeffer,
*Brief aus dem Gefängnis*

## 6. Was wir verlieren, wenn alles erlaubt ist

Der moderne Zeitgeist ist schamlos. Er ist eine Hymne an das schnelle Geld und das leichte Entertainment. Je größer die Bildschirme werden, desto schlichter wird das TV-Programm. Und selbst im Radio wird nur noch gelacht. Man will die Menschen vor allem in Krisenzeiten bei Laune halten und produziert daher eine Serie nach der anderen. Wer vor dem Fernseher sitzt, der macht es sich gemütlich. Derber Spaß und leichte Unterhaltung erhöhen die Quoten, Nachdenklichkeit soll möglichst vermieden werden. Ethische Werte sind etwas für spezielle Kommissionen, Kirchen und Konservative. Wer täglich belogen und ungerecht behandelt wird, der soll sich nicht auch noch mit Fragen nach Wahrheit und Gerechtigkeit herumschlagen müssen.

Autonomie, Individualität und Unabhängigkeit sind zentrale Werte unserer Kultur. Je weniger sie in der Wirklichkeit zu finden sind, desto mehr werden sie betont. So leben wir all unsere Autonomie in immer mehr Einsamkeit, all unsere Individualität in der Massenkultur und all unsere Unabhängigkeiten in den täglichen Abhängigkeiten. Widersprüche soll man nicht hinterfragen, sondern aushalten, es wird schon wieder besser werden. Wir retten uns mit Kurzarbeit, beklagen gierige Investmentbanker und warten auf den Aufschwung. An den wesentlichen Regeln der Finanzmärkte ändert sich kaum etwas, das Casino wird renoviert und nicht geschlossen. Gesundheit und Liebe sind sowieso wichtiger als Arbeit, also geht man ins Fitnessstudio, das ist gut für beides. Und wenn die menschlichen Beziehungen immer komplizierter werden, wenn Wunsch und Wirklichkeit immer mehr auseinandergehen, dann sucht man sich eben im Internet einen neuen Partner aus dem Katalog. Die große Liebe des Lebens ist sowieso nur eine romantische Illusion. Pragmatismus und Realismus sind doch die einzig verlässlichen Werte. Nur – welche Realität ist gemeint? Die der Politiker, der Banker, der Medien oder die unserer Kinder?

Deutschland gehört immer noch zu den reichsten Ländern der Welt. Aber immer mehr Kinder gehen in unserem Land morgens hungrig in die Schule, weil ihre Eltern zu arm sind, um ihnen regelmäßig Schulbrote oder Geld mitzugeben. Diese Kinderarmut ist bekannt und wird von der Familienministerin auch öffentlich als „beschämend" beklagt. Auch bei der Europäischen Union kennt man dieses moderne Phänomen, das immer mehr um sich greift, und hat dagegen Programme aufgelegt, wie beispielsweise das Schulobst. Obst soll auch für Kinder gut sein, die zu dick sind, weil sie sich falsch und einseitig ernähren. Allein 90 Millionen pro Jahr stellt die EU jedes Jahr für die Kinder in den Mitgliedsstaaten zur Verfügung, 20 Millionen davon für Deutschland. Gefordert wird aber auch eine Eigenbeteiligung von 12,5 Millionen Euro. Nun ist ein Streit zwischen den Bundesländern und der Bundesregierung darüber entbrannt, wer den Anteil zu zahlen hat: Der Bund meint, die Länder, und die Länder meinen, der Bund solle diese Kosten übernehmen, weil damit ja auch der Absatz landwirtschaftlicher Produkte gefördert werde. Man hat sich nicht einigen können und dieses Problem an den Vermittlungsausschuss von Bundestag und Länderkammer verwiesen. Wenn sie sich nicht einigen können, dann entfallen die Zahlungen der EU, und es gibt kein Schulobst mehr für die Kinder. Das ist eben moderner Realismus und Pragmatismus.

Wo bleibt die Sorge, der Gemeinsinn, die soziale Verantwortung? Stattdessen wird der Individualismus vergöttert und zugleich die Einsamkeit beklagt. In Hamburg sind mehr als die Hälfte aller Wohnungen Ein-Personen-Haushalte. Moderne Singles kaufen Single-Portionen, fahren in den Single-Urlaub, feiern Single-Parties. Man bleibt unter sich. Währenddessen sterben Nachbarn, und Kinder werden im gleichen Haus vernachlässigt und verhungern – keiner merkt es. In Brandenburg wurde ein mittlerweile 13-jähriges Mädchen über neun Jahre von den Eltern weggesperrt: Sie war geistig behindert, und die Eltern schämten sich dafür. Die Behörden sollen jahrelang davon gewusst haben.

Wer schämt sich eigentlich noch wofür? Selbst die Scham stimmt nicht mehr: Wofür die Menschen sich schämen sollten, wird mit dröhnendem Schweigen übergangen, und wofür sie sich schämen, ist aus humaner Sicht wiederum beschämend. „Hartz-IV-Empfänger werden beschämt, aber die überaus einschneidende Sozialreform, in deren ‚Segen' sie gelangen, ist benannt nach einem rechtskräftig verurteilten Wirtschaftskriminellen. Der indessen schämt sich nicht, sondern hat unlängst sogar ein Buch geschrieben. Wir aber schämen uns, vielleicht, wenn wir davon hören" (Bastian 2007). Kultur paradox. Menschen werden missachtet, lächerlich gemacht, gering geschätzt, abgewertet, benutzt, verachtet, respektlos behandelt. Mitgefühl gibt es nur noch in medial inszenierten Ausnahmefällen, und soziale Verantwortung wurde von Politikern zur bedeutungslosen Worthülse zerredet. Achtung, Anerkennung, Respekt, Rücksicht, Mitgefühl und soziale Verantwortung sind menschliche Werte, die in unserer Kultur immer weniger Bedeutung haben.

## Die Scham als Fähigkeit

Kulturen sterben an ihrer langsamen inneren Auflösung, nicht an äußeren Feinden. Der Zersetzungsprozess einer Kultur ist nicht am Kulturetat erkennbar, sondern am Verlust der humanistischen und moralischen Werte im täglichen Leben der Menschen. Wie steht es um die Werte unserer Gemeinschaft? Was verlieren wir, wenn alles erlaubt ist? Wenn wir die Scham verlieren und die Schamlosigkeit herrscht, dann verlieren wir mehr als unser soziales Gewissen, nämlich einen Teil unserer Mit-Menschlichkeit. Der Sinn der Scham ist ein soziales Denken, Fühlen und Handeln der Menschen. Wer die Scham als Lehrerin hat, der achtet andere, begegnet ihnen respektvoll, fühlt mit ihnen, denkt an die Gemeinschaft und verhält sich sozial verantwortlich. Er denkt nicht nur an seine Interessen und kann die Welt auch aus einer anderen Perspektive als der eigenen sehen.

Schon für Platon war die Scham die wichtigste Tugend, um eine menschliche Gemeinschaft gedeihlich zusammenleben zu lassen. So schreibt er über das Schamgefühl in den *Gesetzen*, es solle jeder „Gesetzgeber und jeder einigermaßen ordentliche Mensch diese Furcht in Ehren halten. Er nennt sie Schamgefühl, Ehrgefühl und ihren Gegensatz, die Dreistigkeit, die sich darüber hinwegsetzt, heißt er Schamlosigkeit, und bezeichnet sie von jeher, auch gesetzlich, als das größte Unglück für alle, für den Einzelnen wie für den Staat" (Platon, Gesetze [Nomoi], 647a, zit. nach Wurmser 2007, 73), Und im Mythos des Protagoras berichtet er, dass selbst das Feuer und die Weisheit nicht ausreichten, damit die Menschen friedlich in den Städten zusammenwohnen konnten. Damit sie in einer sozialen, menschlichen Ordnung leben können, schickte Zeus Hermes zu den Menschen, damit er ihnen die Scham und das Recht bringe. Alle Menschen sollten auf gleiche Weise an der Scham und dem Recht teilhaben, aber alle anderen Gaben, Eigenschaften und Künste sollten ungleich unter den Menschen verteilt sein.

Scham soll die Menschen davon abhalten, etwas zu tun, für das sie sich schämen müssten. Und das Schamlose wird auch nicht dadurch besser, dass man sich schämt, sondern nur dadurch, dass man es sein lässt! Es geht nicht um das Schämen oder gar Beschämen, sondern die Scham fordert ein soziales Denken und Handeln. Nicht die Scham allein kann Abhilfe schaffen bei all der Schamlosigkeit, sondern letztlich nur ein anderes, ethisch geleitetes Handeln. Darauf hat schon Aristoteles hingewiesen: „Wenn die Schamlosigkeit etwas Schlechtes ist, das heißt, wenn es schlecht ist, sich beim Tun des Schlechten nicht zu schämen, dann wird es dadurch immer noch nicht anständig, solche Dinge zu tun und sich dabei zu schämen" (Aristoteles 1969, 336). Um zu diesem ethischen Handeln zu kommen, muss man allerdings die Scham als Fähigkeit wiederentdecken oder zulassen und zugleich die Schamlosigkeit als solche benennen.

Unsere Gesellschaft braucht wieder ethische Werte als innere Maßstäbe menschlichen Handelns, und zwar nicht nur für gierige Finanzmanager, quotenorientierte Programmdirektoren oder einzelne Amokläufer. Wir können die Ethik auch nicht begrenzen auf TV-Sender, Großveranstaltungen mit dem Papst oder dem Dalai Lama oder ein Schulfach. Soziales Handeln kann auch nicht an einzelne Professionen delegiert werden, wie Sozialarbeiter, Ärzte oder Therapeuten, und auch nicht an ehrenamtliche Helfer. Ethik geht uns alle an und sollte im Alltag der Menschen wieder eine Bedeutung finden. Wenn ich mit Paaren spreche, die sich so stark gegenseitig verletzt und gekränkt haben, dass sie voller Wut und Hass aufeinander sind, sich permanent gegenseitig abwerten und erniedrigen, dann empfehle ich ihnen manchmal scherzhaft und ernst zugleich, in ihrer Beziehung zum „Sie" zurückzukehren, sich für eine Weile wie Fremde zu behandeln und sich damit wieder eine grundsätzliche menschliche Achtung und gegenseitigen Respekt entgegenzubringen.

## Achtung, Respekt und Anerkennung

Wie kommen wir dazu, einem Menschen Achtung und Anerkennung entgegenzubringen? Man kann die Leistungen eines Menschen achten, seine Ideen, seinen Umgang mit anderen Menschen, seine Haltung in besonderen Situationen, sein Lebenswerk oder einfach nur seine Ausstrahlung. Diese Achtung bezieht sich auf die einzelne konkrete Person und wird Respekt genannt.

Man kann einen Menschen aber auch achten, weil er für etwas einsteht: den Staatsmann für seine Politik, den Tennisprofi für sein besonderes Spiel, eine Sängerin für ihre ausdrucksvolle Stimme, den Marathonläufer für seine Selbstdisziplin, den Lyriker für seine gefühlvollen Gedichte, den Selbstlosen für seinen Einsatz für die Armen. Dann achten wir in der Person auch die Idee, für die diese Person steht. Auf diese Art der Achtung einer Idee im konkreten Menschen hat besonders Immanuel Kant hingewiesen. So schreibt er in der *Grundlegung zur Metaphysik der Sitten* aus dem Jahre 1785: „Alle Achtung für eine Person ist eigentlich nur Achtung fürs Gesetz ... wovon jene uns das Beispiel gibt" (Kant, GMS, BA 17). Mit Gesetz meint er das moralische Gesetz, das durch die

Person repräsentiert wird. So bringt er in der *Kritik der prakti-schen Vernunft* das Beispiel eines Mannes, der bei anderen we-gen seiner Rechtschaffenheit Achtung hervorruft. Vor solch einem Menschen, schreibt Kant, „bückt sich mein Geist, ich mag wollen oder nicht ... Sein Beispiel hält mir ein Gesetz vor, das meinen Eigendünkel niederschlägt" (Kant, KpV, A 136). Achtung ist ein wirksames Mittel gegen die Schamlosig-keit, den Eigendünkel. Sie ist für Kant deshalb so besonders, weil sie eine Verbindung zur Vernunft hat und als Gefühl mit der Vernunft und der Moral verbunden ist. Nur ein mora-lischer und vernünftiger Mensch kann anderen Achtung ent-gegenbringen, und wer dies nicht kann, dem mangelt es an Vernunft, an Moral oder an beidem.

Und man kann drittens einen Menschen achten und aner-kennen, einfach weil er ein Mensch ist. Solch eine Achtung kann religiös motiviert sein als Achtung vor der Schöpfung Gottes oder philosophisch als eine philanthropische Haltung, weil man ein Menschenfreund ist. Dies fällt uns leichter bei Kindern oder alten Menschen und sehr schwer, wenn es sich z. B. um einen Straftäter handelt. Die Achtung vor dem Men-schen ist die Grundlage der Menschenrechte. Sie verbietet beispielsweise die Folter – auch wenn sie politisch motiviert als verschärfte Verhörmethode bezeichnet wird –, weil Men-schen nicht gefoltert werden dürfen. Denn Folter ist nicht nur eine Entmenschlichung des Folteropfers, sondern setzt auch eine weitgehende Entmenschlichung des Folterers vo-raus. Nur wer sich von einem Teil seiner Menschlichkeit, sei-nem Mitgefühl, entfernt, kann foltern. Auch darauf hat Kant eindringlich hingewiesen. Seiner Meinung nach ist jedes Fol-tern von Menschen abzulehnen, egal, welche grausame oder verachtenswürdige Tat begangen wurde. Es ist ein grundsätz-liches Verständnis von Achtung. Kant misst ihr eine sehr hohe Bedeutung bei, sie ist für ihn die Triebfeder mora-lischen Handelns. Weil wir als menschliche Wesen mit Ver-nunft ausgestattet sind, können und sollen wir nach moralischen Gesetzen handeln, also nicht nur unseren kurzfristigen Neigungen und individuellen Bedürfnissen nachgehen. Und Hochachtung sollten wir daher nicht den Reichen, Erfolgreichen oder Stars entgegenbringen, sondern nur denjenigen, die selbst moralische Vorbilder sind. Darauf hat besonders Friedrich Schiller insistiert, für den in der Hochachtung sogar ein „Ingrediens der Liebe" enthalten war.

Seit Hegel wurde der Begriff der Achtung immer mehr durch den der Anerkennung ersetzt. Heute spricht man in der Humanistischen Psychologie meist von Anerkennung im Zusammenhang mit Wertschätzung. Häufig kommen Paare in die Therapie, weil sie in ihrer Beziehung die gegenseitige Anerkennung und Wertschätzung vermissen und damit die emotionale Nähe verloren glauben. Dies bedeutet auch, dass Achtung, Anerkennung und Wertschätzung im Alltag der Menschen nicht nur abstrakte moralische Aspekte darstellen, sondern für sie konkrete Bedeutung in ihrer persönlichen und emotionalen Beziehung haben. Und als Beweis reicht allein das Gefühl: Wer sich nicht mehr geachtet, anerkannt und wertgeschätzt fühlt, der fühlt sich nicht mehr geliebt. Hier ist der unmittelbare Bezug zur Liebe gegeben. Moral in ihrer konkreten Form ist also keine abstrakte Haltung, keine reine Vernunftkategorie, sondern findet ihren Ausdruck letztlich in der mitmenschlichen Liebe, als Nächstenliebe, Eltern-Kind-Liebe oder partnerschaftliche Liebe.

## Mitgefühl

Der Schamlose kreist um sich selbst wie die Motte um das Licht und empfindet dabei kaum Mitgefühl für andere. Mitgefühl braucht aber jede menschliche Gemeinschaft, weil sie sonst den inneren Zusammenhalt verliert und bestenfalls noch eine Zweckgemeinschaft sein kann. Mitgefühl heißt, mit anderen Menschen zu empfinden, ihre Gefühle nachvoll-

ziehen zu können, sich in die anderen hineinversetzen zu
können und damit in der Lage zu sein, das Denken, Fühlen
und Handeln der anderen Menschen zu berücksichtigen. Es
geht um die Fähigkeit zu einem Perspektivenwechsel, um
Einfühlungsvermögen und Empathie. Liebe ist die kon-
sequenteste Form eines solchen Mitgefühls, denn wenn man
einen anderen Menschen liebt, kann man die Welt mit seinen
oder ihren Augen sehen. Dies betrifft sowohl die elterliche
Liebe zu einem Kind wie die leidenschaftliche Liebe zu einem
Partner. Wenn Mitgefühl in einer Gemeinschaft stirbt, dann
ist die Mit-Menschlichkeit gefährdet.

Mitfühlen kann man nahezu alle Gefühle eines anderen
Menschen, mehr oder weniger. So kann man wahrscheinlich
am ehesten diejenigen Gefühle eines Menschen nachvollziehen, die auf eine andere Person gerichtet sind, wie Liebe,
Hass oder Verachtung. Dagegen können Ärger, Wut und
Zorn eines Menschen nur dann nachempfunden werden,
wenn man die Gründe für diese aggressiven Gefühle kennt
und nachvollziehen kann. Deshalb ist es bedeutsam, mit solchen wütenden Menschen zu sprechen, sie und ihre Wut-
gründe kennenzulernen, damit sie damit nicht allein gelassen werden. Bei einem wütenden Kind erscheint dies sofort
einsichtig, und die meisten Menschen würden zunächst einmal versuchen, das Kind zu beruhigen und dann mit ihm zu
sprechen. Bei einem aggressiven Jugendlichen taucht dieses
Bild nicht auf – da gehen die meisten Menschen innerlich
und faktisch auf Distanz, weil sie fürchten, selbst von der Aggression getroffen zu werden. Aber damit lässt man die Jugendlichen auch zugleich allein mit ihren Gefühlen. Gefühle,
die sich auf die eigene Person beziehen, wie Scham oder
Angst, können schon eher nachvollzogen werden, da man
sie selbst auch schon erlebt hat. Jedes Mitfühlen wird dadurch erleichtert, dass man diese Gefühle selbst schon einmal hatte, was mit zunehmendem Alter wahrscheinlich,
aber nicht immer selbstverständlich ist.

Eine besondere Form des Mitfühlens ist das Mitleid, das in Schopenhauers Philosophie eine große Bedeutung hat. Mitleid ist für ihn „die wirkliche Basis aller freien Gerechtigkeit und aller echten Menschenliebe. Nur sofern eine Handlung aus ihm entsprungen ist, hat sie moralischen Wert: und jede aus irgendwelchen andern Motiven hervorgehende hat keinen. Sobald dieses Mitleid rege wird, liegt mir das Wohl und Wehe des Anderen unmittelbar am Herzen, ganz in derselben Art, wenn auch nicht stets in demselben Grade, wie sonst allein das meinige" (Schopenhauer 1977, 164). Nietzsche hat gefürchtet, dass das Mitleid nur zu noch mehr Leid in der Welt führe, denn wer sich gerne bemitleiden lasse, der wolle nur das Leid der anderen. Zudem sei die Suche nach Mitleid nur eine Form der Selbsterniedrigung. Mitleid kann also aus zweierlei Perspektiven betrachtet werden: Mitleid zu empfinden und zu zeigen ist angesichts des Leidens eines anderen sehr menschlich, nach Mitleid zu streben kann dagegen auch schamlos sein.

Mitleid als besonders starkes Mitgefühl ist allerdings von der eigenen sinnlichen Wahrnehmung abhängig. Wer das Leiden anderer Menschen sieht, hört oder miterlebt, kann es viel besser nachempfinden, als wenn es nur eine abstrakte Information ist. Hier haben die Medien eine ganz besondere Bedeutung, und so erklärt sich auch, warum die Spendenbereitschaft bei einer Galashow mit Fotos und Filmberichten so viel größer ist als bei gesprochenen Nachrichten. Die Medien haben hier eine besondere Verantwortung, weil die Sensibilität durch solche Reportagen abstumpfen kann, wenn sie zu stark oder zu häufig erfolgen oder wenn eindeutige kommerzielle Absichten damit verbunden sind.

Wie groß das Dilemma der Medien im Umgang mit der Scham sein kann, hat der Fall des südafrikanischen Fotojournalisten Kevin Carter gezeigt. Er hatte 1993 im Sudan ein verhungerndes Mädchen und in geringer Entfernung von ihr einen lauernden Geier fotografiert. Das Foto ist beschämend und verstörend zugleich, weil das zusammengekauerte hungernde Mädchen in der Fantasie vom Geier gefressen werden wird. Keine Zahl über den Hunger in der Welt kann so eindringlich wirken wie dieses Foto. Carter hat 1994 den Pulitzer-Preis dafür bekommen, aber die Reaktion der Weltöffentlichkeit war enorm. Man warf ihm vor, dieses für jeden Menschen beschämende Foto schamlos für seinen Ruhm ausgenutzt zu haben. Er trage eine Mitschuld, weil er das Schicksal dieses Mädchens kommerzialisiert habe. Nur zwei Monate nach der Preisverleihung hat sich Carter das Leben genommen: Er konnte anscheinend mit der Scham nicht mehr leben. Hätte er das Foto nicht machen sollen? Hätte er es machen dürfen, wenn er zugleich das Mädchen gerettet hätte? Wie weit darf die Dokumentation gehen? Wie viel Scham können Menschen ertragen, und wie viel Beschämung ist im Sinne einer objektiven Berichterstattung zulässig?

Wie muss es den Kriegsberichterstattern im Irak gegangen sein, die in die Armee eingebunden waren, wie ergeht es den Fotoreportern in Darfur, dem Fotografen des Festbanketts anlässlich der Geburtstagsfeier von Robert Mugabe im hungernden Zimbabwe, dem Fotografen von Kim Jong Il im ebenfalls hungernden Nordkorea, dem Fotografen von Lynndie England, während sie einen nackten irakischen Häftling an der Hundeleine führt? Es sind Fotos der Scham, der Beschämung und der unerträglichen Demütigung. Die Befreier der deutschen Konzentrationslager wurden durch den Anblick der aufgestapelten Leichenberge traumatisiert, sie konnten diesen Anblick der Unmenschlichkeit nicht ertragen und verstummten, obwohl sie selbst teilweise jahrelang im Krieg gewesen waren. Auch der normale Nachrichtenkonsument der deutschen Tagesschau isst gern sein Abendbrot beim Fernsehen. Wie viele beschämende und demütigende Bilder kann man verkraften, ohne dass dabei das Brot im Hals stecken bleibt? Die menschliche Seele verfügt über eine Fähigkeit, beides zu tun, zu sehen und zu essen: die Spaltungsfähigkeit. Je besser man spalten kann, desto besser kann man diese beschämenden Nachrichten ertragen. Aber der Preis kann ein tendenzielles Abstumpfen, ein Verlust einer emotionalen Feinfühligkeit sein. Dabei wird auch die Scham abgespalten, um sie ertragen zu können.

Die Fähigkeit, Mitgefühl zu empfinden, ist nicht nur von der psychischen, sondern auch von der sozialen und wirtschaftlichen Situation des Zuschauers abhängig. Wer selbst Not leidet, der ist weniger offen für das Leid der anderen. Die Forderung nach Mitgefühl oder gar Mitleid sollte sich also eher an diejenigen richten, die im relativen Wohlstand leben, denn von Menschen im täglichen Überlebenskampf kann man dies kaum erwarten. Eine solche Forderung wäre schamlos, weil sie von der leidvollen Lebenssituation derjenigen absieht, die man zum Mitgefühl auffordert. Wenn beispielsweise eine deutsche Milliardärin Mitgefühl und Mitleid einfordert, weil sie durch die Wirtschaftskrise Millionen verloren habe und nun auch mit ihrem Geld rechnen müsse, dann ist das nicht nur ein Jammern auf hohem Niveau, sondern auch schamlos, weil sie im Vergleich zu der großen Mehrheit der Betroffenen keine ernsthaften Sorgen hat. Auch Nietzsche hätte sich über solch ein Suchen nach Mitleid fürchterlich erregt. Dementsprechend fällt auch meist die öffentliche Reaktion aus: Ihre Sorgen möchten wir haben! Nicht jeder kann erwarten, dass man sich über ihn mitfühlende Gedanken macht.

## Sich über andere Gedanken machen

Wer sich nicht ausreichend mitfühlende Gedanken über seine Mitmenschen macht, zumindest seine allernächsten, der bekommt meist ernsthafte Probleme in der Kindererziehung, in seinen Freundschaften, in seiner Partnerschaft oder am Arbeitsplatz. Gedankenlosigkeit zwischen Menschen hält viele

Berufsgruppen in Arbeit und Brot, allen voran Juristen und Therapeuten.

Da wir Menschen in unserer Bedürfnisbefriedigung auf vielfältige Weise von unseren Mitmenschen abhängig sind, bleibt es nicht aus, dass wir uns häufig Gedanken über sie machen müssen. Manchmal sind solche Gedanken existenziell, weil sich das Baby ohne eine einfühlsame Mutter nicht gedeihlich entwickeln kann. Auch die Gedanken über die Pläne der Konzerneigner können für einige Arbeitnehmer und ihre Familien existenziell sein. Weniger existenziell und viel alltäglicher, als wir glauben, sind intuitive Wahrnehmungen über die Gedanken, Gefühle oder Absichten unserer Mitmenschen. Man versteht sich ohne Worte und nennt das Liebe, man fühlt die Gefühle des Partners und glaubt an himmlische Verknüpfungen, man erahnt die Wünsche des Kindes und erklärt dies mit einzigartiger Elternliebe, man erahnt die Absichten eines Kollegen und beginnt sich dagegen zu schützen, bevor er überhaupt damit angefangen hat, sie in die Tat umzusetzen. Diese Alltagsphänomene sind viel weniger mystisch, als wir bislang glaubten, und werden mit einer modernen Theorie erklärt: der Theory of Mind (TOM). Dabei handelt es sich um die Fähigkeit, schnell und intuitiv zu erfassen, was ein anderer Mensch denkt, fühlt oder beabsichtigt. Solche Intuitionen gehen auf einen inneren Simulationsvorgang zurück: Man fühlt sich in den anderen ein, und dabei kommt es wie bei der Resonanz zu einem inneren Mitschwingen, bei dem sich eine emotionale Nähe einstellen kann. Man kann diese Fähigkeit auch Mentalisierung (Fonagy u. a. 2002) nennen oder ganz einfach: sich Gedanken über sich selbst und andere machen. Bemerkenswert daran ist weniger die Tatsache, dass wir endlich etwas verstehen, erforschen und begrifflich erfassen, was wir schon lange aus dem Alltagsleben kennen, sondern die, dass diese Fähigkeit zur Mentalisierung eine so große Bedeutung für unser Zusammenleben und sogar eine biologische, neuronale Seite hat.

Und zugleich wäre diese Fähigkeit der schnellste und einfachste Weg aus der Schamlosigkeit!

Solche Fähigkeiten des Mitgefühls oder der Mentalisierung und auch die Funktionsfähigkeit der Spiegelneurone werden nicht einmal erworben und bleiben ein Leben lang erhalten, sondern können auch wieder verloren gehen. „Nervenzellsysteme, die nicht benutzt werden, gehen verloren. Spiegelaktionen entwickeln sich nicht von allein, sie brauchen immer einen Partner" (Bauer 2005, 57). Wenn die Scham ein besonders menschliches Gefühl ist, dann ist der Verlust der Scham nicht nur ein menschliches Problem, dann sind damit auch biologische und neuronale Funktionseinbußen verbunden. Die Spiegelneurone bleiben nicht einfach unbenutzt und können wieder feuern, sobald ihr Besitzer sie wieder braucht. Darüber hinaus ist die Fähigkeit des Mitfühlens nicht partiell einsetzbar: Man kann sie nicht bei der Arbeit ausschalten und zu Hause wieder einschalten. Wenn die Funktionsfähigkeit verloren gegangen ist, dann ist sie nun einmal weg und muss bestenfalls wieder neu gelernt oder physiologisch „gebahnt" werden. Und um sie zu entwickeln, brauchen wir ein Gegenüber, also unsere Partner und Mitmenschen. Es braucht demnach Zeit, Übung und sensible Mitmenschen, um diese Fähigkeiten wieder zu entwickeln. Dies ist kein einfaches und auch kein kurzfristiges Programm, sondern ein eher langfristiges. Das Programm heißt: emotionale Bildung.

## Emotionale Bildung als Weg aus der Schamlosigkeit

Eine solche emotionale Bildung ist möglich, dafür gibt es viele Beispiele. Die „Hauptschule Weinbergstraße" in Neumarkt in der Oberpfalz ist so ein Beispiel: Dort gibt es im regulären Stundenplan der fast 600 Schülerinnen und Schüler das Fach „Erwachsenwerden". In diesem Fach wird in der Klasse über die persönlichen Probleme des Erwachsenwerdens und all die damit verbundenen Gefühle gesprochen: über Familie, Freundschaft, Liebe, Sexualität, Sucht oder Einsamkeit. Bislang schweigsame Schülerinnen öffnen sich, die Jugendlichen pöbeln nicht mehr, das Schulklima hat sich entspannt, Eltern rufen in der Schule an, um sich für die Wandlungen ihrer Kinder zu bedanken. „Die Schüler gehen rücksichtsvoller mit sich und den Lehrern um" (Wieschowski, 2007).

Noch schöner wäre es allerdings, wenn die emotionale Bildung nicht wie die Ethik auf ein einziges Schulfach beschränkt bliebe, sondern die ganze Schule erfassen könnte. Emotionale Bildung ist das schwierigste Lernziel einer pädagogischen Einrichtung, weil sie nicht in didaktischen Einheiten als reines Kopflernen gelehrt werden kann, sondern den beständigen Austausch mit dem realen Leben haben sollte. Es geht darum, die glücklichen und unglücklichen Erfahrungen der Schülerinnen und Schüler in ihren Familien und Freundschaften zu begleiten, ihre Gefühle anzuerkennen und zu reflektieren und dies alles in ihre Bildungsprozesse zu integrieren. Solange die Kinder noch sehr klein sind, spricht man von der sozio-emotionalen Entwicklung und zeigt mit diesem Begriff, dass soziale und emotionale Aspekte untrennbare Bestandteile der Entwicklung eines Kindes sind. Und dies bleibt natürlich so: Gelernt wird weiterhin auch mit Gefühlen in sozialen Beziehungen, nur die Bewertungen ändern sich – und das ist falsch und fatal. Spätestens mit dem Gymnasium werden die Gefühle vernachlässigt oder gar zu einem Störfaktor in der Schule.

Emotionale Erfahrungen müssen zunächst erlebt, durchlebt, überlebt werden, bevor man sie austauschen und reflektieren kann. Selten ist dies so klar und unmissverständlich geäußert worden wie von Alexander Mitscherlich in seinem Buch *Auf dem Weg zur vaterlosen Gesellschaft*. Dort schreibt er: „Die Kultur der Affekte ist das eigentlich schwerste Bildungsziel. Mehr von sich selbst, von der Wirklichkeit über sich selbst als Triebwesen zu wissen, ist nur in schmerzlichen Erfahrungen zu erreichen" (Mitscherlich, 35). Deshalb bleibt Pädagogik immer eine menschliche Begegnung, in die das Lernen über die Welt der Menschen eingebettet ist. Gelernt wird in Beziehungen, und diese emotionalen Erfahrungen in Beziehungen formen die Identität eines Menschen. Darauf hat die israelische Soziologin Eva Illouz in ihrem Werk *Gefühle in Zeiten des Kapitalismus* eindringlich hingewiesen. Sie schreibt: „Emotionen sind also weit davon entfernt, präsozial oder präkulturell zu sein; in ihnen sind vielmehr kulturelle Bedeutungen und soziale Beziehungen auf untrennbare Weise miteinander verflochten ... Wenn jemand zu mir sagt: ‚Du bist schon wieder zu spät gekommen', dann wird die Antwort auf die Frage, ob ich Scham, Wut oder Schuld empfinde, fast vollständig von meiner Beziehung zu dieser Person abhängen" (Illouz, 10).

Dabei geht es um Suchen und nicht um Finden, um Sein und nicht um Haben, um gelebte Erfahrung und nicht um Trainingsprogramme. Insofern hat emotionale Bildung immer die eigene Person, letztlich die eigenen Gefühle zu reflektieren, damit persönliche Reifung durch zunehmende Beziehungs- und Konfliktfähigkeit möglich wird. Bildung ist ein Streben nach Selbsterkenntnis und Welterkenntnis als Suchbewegung, ein Irren im Wald des Lebens, bei dem man nicht nur den Weg verlieren kann, sondern manchmal auch sich selbst. So sagt Mitscherlich: „Die Wahrheit über sich selbst hat man nicht, man sucht sie und ist unbefriedigt bis zum Ende des Lebens" (Mitscherlich, 26).

Bildung ist nie ohne, sondern immer nur mit Gefühlen möglich. Aber um Gefühle verstehen zu können, brauchen wir wiederum den Verstand. Denn es gibt bewusste und unbewusste Gefühle. Vielleicht werden unbewusste Gefühle erst dadurch bewusst, dass man sie reflektiert und ihnen eine Sprache gibt. Unausgesprochene Gefühle wirken im Dunkeln und deshalb manchmal umso mehr, aber sie bleiben ungezähmt, widersprüchlich und haben manchmal verheerende Folgen. Sie sind in unserem Denken und Handeln versteckt, und man muss ihnen mit harter Reflektion zu Leibe rücken, um ihr anarchisches Wirken zu beherrschen, denn sie können auch täuschen. Noch einmal Mitscherlich: „Bildung ist eine Orientierung in dieser Welt, durch Bildung kann man es schaffen, den Täuschungen über die Welt, über die anderen und vor allem über mich selbst zu entgehen" (Mitscherlich, 26).

Emotionale Bildung ist möglich und dringend notwendig, auch um der Schamlosigkeit in unserer Kultur zu begegnen. Denn Bildung hat in erster Linie nichts mit Fachwissen zu tun. In unserer Quiz-Gesellschaft ist der Bildungsbegriff pervertiert worden. Bildung ist eine Neugier, ein Interesse an anderen Menschen, der Welt und sich selbst. Ihr Kern ist die Bildung der Gefühle, oder – um es in einem alten deutschen Wort zu sagen – eine Herzensbildung. Und es sind oft sogar die einfachen Leute, wie man sie in den autobiografischen Romanen von Maxim Gorki so häufig findet, die in diesem Sinne gebildeter sind als manche Professoren. Ein gebildeter Mensch sieht Gefühl und Verstand nicht als getrennt oder gar widersprüchlich, sondern weiß von verstehenden Gefühlen und fühlendem Verstand. Solch ein Mensch ist aufgeschlossen für Neues, nachsichtig im Urteil, mitfühlend gegenüber anderen und zeigt menschliche Wärme in kalten globalisierten Zeiten.

## Wir sind Kinder der Sorge

Ob wir uns für diesen Weg des Mitgefühls und der emotionalen Bildung entscheiden, hängt nicht nur von dem Leiden ab, das durch die erweiterte Schamlosigkeit und ihre kulturellen Folgen entstanden ist, sondern auch von unserem Denken und unseren Überzeugungen. Mit einer Haltung, die Gefühle im Wesentlichen als Störfaktoren ansieht, kommen wir aus der Schamlosigkeit nicht heraus. Denn unser westliches Denken und Handeln ist weder rational noch vernünftig, sondern zutiefst irrational, weil wir viele menschliche Gefühle aus unserem Alltag verbannt haben und daher den Umgang mit ihnen verlernt haben. Der Verlust der Scham und die Folgen der Schamlosigkeit sind dafür nur ein eindringliches Beispiel. Wir halten uns für vernünftige Wesen, aber wenn wir das wären, dann könnten wir anders mit uns selbst und unseren Mitmenschen umgehen. Max Frisch hat mit seinem Roman *Homo Faber* ein glänzendes Werk gegen dieses Missverständnis einer rein technischen Intelligenz und rationellen Vernunft geschrieben. Hinter dieser Rationalität verbirgt sich eine tiefe Unfähigkeit im menschlichen Umgang mit sich selbst und anderen.

Wer sich mitfühlende Gedanken über seine Mitmenschen macht, wer sich in die anderen hineinversetzt und in der Lage ist, die Welt auch mit ihren Augen zu sehen, der wird Scham nur noch selten empfinden müssen. Ein solcher Mensch wird sein Handeln so ausrichten, dass er andere nicht verletzt, erniedrigt, beschämt oder gar demütigt. Ein solcher sozialer Mensch wird auch von seinen Mitmenschen geachtet werden und kommt nicht in die Gefahr, schamlos zu werden. Damit ist die Fähigkeit, sich mitfühlende Gedanken über seine Mitmenschen zu machen, der beste Schutz vor Scham und Schamlosigkeit. In einer sehr freien, an Nietzsche orientierten Variante von Kants kategorischem Imperativ könnte man formulieren:

*Handle stets so, dass du deine Mitmenschen nicht beschämst!*

Dies kann gelingen, wenn man ihnen Mitgefühl, Achtung, Respekt und Wertschätzung entgegenbringt und zugleich Verantwortung für das eigene Handeln übernimmt. Man kann eine solche Haltung auch mit einem einzigen Wort zusammenfassen: Sorge. Die Sorge ist ein zentraler Begriff in Martin Heideggers Existenzphilosophie und verbindet umfassend die Sorge um die Kinder, die Liebespartner und die Familie mit der um die Mitmenschen überhaupt. Der Mensch ist ein Kind der Sorge, dies jedenfalls berichtet die spätantike Cura-Fabel: „Als einst die Sorge über einen Fluss ging, sah sie tonhaltiges Erdreich: sinnend nahm sie davon ein Stück und begann es zu formen. Während sie bei sich darüber nachdenkt, was sie geschaffen, tritt Jupiter hinzu. Ihn bittet die Sorge, dass er dem geformten Stück Ton Geist verliehe. Das gewährt ihr Jupiter gern. Als sie aber ihrem Gebilde nun ihren Namen beilegen wollte, verbot das Jupiter und verlangte, dass ihm sein Namen gegeben werden müsse. Während über den Namen die Sorge und Jupiter stritten, erhob sich auch die Erde (Tellus) und begehrte, dass dem Gebilde ihr Name beigelegt werde, da sie ja doch ihm ein Stück ihres Leibes dargeboten habe. Die Streitenden nahmen Saturn zum Richter. Und ihnen erteilte Saturn folgende anscheinend gerechte Entscheidung: ‚Du, Jupiter, weil du den Geist gegeben hast, sollst bei seinem Tode den Geist, du, Erde, weil du den Körper geschenkt hast, sollst den Körper empfangen. Weil aber die ‚Sorge‘ dieses Wesen zuerst gebildet, so möge, so lange es lebt, die ‚Sorge‘ es besitzen. Weil aber über den Namen Streit besteht, so möge es ‚homo‘ heißen, da es aus humus (Erde) gemacht ist‘“ (Heidegger 1979, 198). Die Sorge hat den Menschen gebildet, sie ist der Kern seiner Humanität, und die Scham erinnert ihn stets daran, dass dies auch so bleiben möge.

# Literatur

Aktionsrat Bildung (Blossfeld, Hans-Peter; Bos, Wilfried; Lenzen, Dieter; Müller-Böling, Detlef; Oelkers, Jürgen; Prenzel, Manfred; Wößmann, Ludger): Bildungsgerechtigkeit, Jahresgutachten 2007. Wiesbaden (VS Verlag für Sozialwissenschaften)

Alvtegen, Karin (2006): Scham. Roman. Reinbek (Wunderlich)

Arens, Ulla (2003): Offenheit und Scham in der Familie. Wie Eltern und Kinder unbefangen miteinander umgehen. Kreuzlingen/München (Hugendubel)

Aristoteles (1969): Nikomachische Ethik. Berlin (Akademie-Verlag)

Arnold, Heinz Ludwig (1988): Vom Verlust der Scham und dem allmählichen Verschwinden der Demokratie. Göttingen (Seidl)

Balzli Beat; Dettmer, Markus; Tietz, Janko (28.07.2008): Robin Hood hat sich verzockt. Der Spiegel, Nr. 31

Bastian, Till (2007): Scham und Schaulust, Macht und Ohnmacht (Vortrag am 18.04.2007 im Rahmen der 57. Lindauer Psychotherapiewochen) (http://www.Lptw.de)

Bastian, Till (2008): Die Politik der Beschämung. In: Schuld und Scham. Jahrbuch Literatur und Politik. Band 3. Heidelberg (Winter)

Bauer, Joachim (2006): Prinzip Menschlichkeit. Warum wir von Natur aus kooperieren. Hamburg (Hoffmann und Campe)

Bauer, Joachim (2006): Warum ich fühle, was du fühlst. Intuitive Kommunikation und das Geheimnis der Spiegelneurone. Hamburg (Hoffmann und Campe)

Benedikt XVI.: Sozialenzyklika Caritas in veritate (auch auf: www.vatican.va)

Benthien, Claudia (2008): Scham und Schulden. Die Ökonomie der Gefühle in Lessings Minna von Barnhelm. In: Schuld und Scham. Jahrbuch Literatur und Politik. Band 3. Heidelberg (Winter)

Berger, Klaus R. (1999): Pornographie – Verlust der Scham. Lage (Lichtzeichen)

Berkel, Irene (Hg.) (2009): Postsexualität. Zur Transformation des Begehrens. Gießen (Psychosozial)

Berner, Wolfgang; Brandenburg, Ulrike; Briken, Peer; Richter-Appelt, Hertha; Strauß, Bernhard (2008): Zeitschrift für Sexualforschung. 21. Jahrgang, Heft 4. Stuttgart (Thieme)

Bohleber, Werner (2008): Editorial: Zur Psychoanalyse von Scham-
erfahrungen. In: Psyche. Zeitschrift für Psychoanalyse und ihre
Anwendungen. Sonderheft: Beschämung, Ressentiment, Vergeltung, 62. Jahrgang, Heft 9/10. Stuttgart (Klett-Cotta)

Bohleber, Werner (Hg.); Mitscherlich, Alexander; Kunz, Hans; Schott-
laender, Felix (2008): Psyche. Zeitschrift für Psychoanalyse und
ihre Anwendungen. Sonderheft: Beschämung, Ressentiment, Vergeltung. 62. Jahrgang, Heft 9/10. Stuttgart (Klett-Cotta)

Bohn, Caronline (2008): Die soziale Dimension der Einsamkeit – unter besonderer Berücksichtigung der Scham. Hamburg (Kovac)

Bologne, Jeean Claude (2001): Nacktheit und Prüderie. Eine Geschichte des Schamgefühls. Weimar (Böhlau)

Bossart, Ina (2004): Scham. Henau (Verein Fama)

Briegleb, Till (2009): Die direkte Scham. Frankfurt am Main / Leipzig
(Insel)

Bundeskriminalamt (2007): Korruption. Bundeslagebild 2007. Presse-
freie Kurzfassung. Wiesbaden

Burckhardt, Martin (2006): Die Scham der Philosophen. Berlin (Semele)

Chromow, Robert (04.03.2002): Vom erfolgreichen Umgang mit Misserfolgen: Mehr Mut zum Scheitern (www.akademie.de)

Ciompi, Luc (1994): Affektlogik. Über die Struktur der Psyche und ihre
Entwicklung. Ein Beitrag zur Schizophrenieforschung. Stuttgart
(Klett-Cotta)

Damasio, Antonio R. (2006): Der Spinoza-Effekt. Wie Gefühle unser
Leben bestimmen. Berlin (List)

Deggerich, Markus; Feldenkirchen, Markus; Hawranek, Dietmar; Kurb-
juweit, Dirk; Nagel, Lars-Marten; Neubacher, Alexander; Reiemann,
Christian; Sauga, Michael (17.12.2007): Der große Graben (http://
wissen.spiegel.de/wissen/dokument/dokument-durck.html)

Demmerling, Christoph; Landweer, Hilge (2007): Philosophie der Gefühle. Von Achtung bis Zorn. Stuttgart (Metzler)

Döring, Nicola (2008): Sexualität im Internet. Ein aktueller For-
schungsüberblick. In: Zeitschrift für Sexualforschung. 21. Jahrgang, Heft 4. Stuttgart (Thieme)

Dörr, Margret; Göppel, Rolf; Büttner, Christian; Datler, Wilfried; Fin-
ger-Trescher, Urte (Hg.) (2003): Bildung der Gefühle. Innovation?
Illusion? Intrusion? Gießen (Psychosozial)

Duerr, Hans Peter (1988): Nacktheit und Scham. Frankfurt am Main
(Suhrkamp)

Eckert, Hans-Ulrich (2008): Aias in der Schuld. Ein Mythos mit strafrechtlichen Variationen. In: Schuld und Scham. Jahrbuch Literatur und Politik. Band 3. Heidelberg (Winter)

Elias, Norbert (1997): Über den Prozeß der Zivilisation. Soziogenetische und psychogenetische Untersuchungen. Band 1. Wandlungen des Verhaltens in den weltlichen Oberschichten des Abendlandes. Frankfurt am Main (Suhrkamp)

Fabricius, Dirk (2008): Die Verachtung des Täters ist Grundlage für die Zumessung der Strafe. In: Psyche. Zeitschrift für Psychoanalyse und ihre Anwendungen. Sonderheft: Beschämung, Ressentiment, Vergeltung, 62. Jahrgang, Heft 9/10. Stuttgart (Klett-Cotta)

Fiandra, Emilia (2008): Schamkultur und Reuetempel. Formen der „Entschuldigung" in der Ehebruchsliteratur des 19. Jahrhunderts. In: Schuld und Scham. Jahrbuch Literatur und Politik. Band 3. Heidelberg (Winter)

Flaubert, Gustave (2001): Lehrjahre des Gefühls. Frankfurt am Main / Leipzig (Insel Verlag)

Fonagy, Peter (2004): Affektregulierung, Mentalisierung und die Entwicklung des Selbst. Stuttgart (Klett-Cotta)

Fossum, Merle A.; Mason, Marilyn J. (1992): Aber keiner darf's erfahren: Scham und Selbstwertgefühl in Familien. München (Kösel)

Freud, Sigmund (1969): Vorlesungen zur Einführung in die Psychoanlayse und Neue Folge. Studienausgabe. Band 1. Frankfurt am Main (Fischer) (darin: Die Fehlleistungen, 41–100)

Freud, Sigmund (1974): Fragen der Gesellschaft. Ursprünge der Religion. Studienausgabe. Band IX. Frankfurt am Main (Fischer) (darin: Das Unbehagen in der Kultur, 191–270)

Gebauer, Karl (2000): Stress bei Lehrern. Stuttgart (Klett-Cotta)

Gerson, Adolf (1919): Die Scham. Beiträge zur Physiologie, zur Psychologie und zur Soziologie des Schamgefühls. Bonn (Marcus & Weber)

Gruber, Bettina (2008): Schamlose Gegenwart? Formen der Scham bei Karen Duve, Martin Walser und Matthias Politycki. In: Schuld und Scham. Jahrbuch Literatur und Politik. Band 3. Heidelberg (Winter)

Grünewald-Zemisch, Gisela (2009): Der Absturz des Ikarus. Psychoanalytische Gedanken zur aktuellen Finanzmarktkrise. In: Psychologie Heute 06/2009

Günter, Michael (2008): „Ach Papa, du bist so peinlich ..." Schamabwehr, Affektkontrolle und narzisstische Stabilität in der Adoleszenzentwicklung. In: Psyche. Zeitschrift für Psychoanalyse und ihre Anwendungen. Sonderheft: Beschämung, Ressentiment, Vergeltung, 62. Jahrgang, Heft 9/10. Stuttgart (Klett-Cotta)

Hamann, Götz (06.07.2009): Das Scheinduell. Die Zeit, Nr. 33

Hantel-Quitmann, Wolfgang (1996–1999): Beziehungsweise Familie. Arbeits- und Lesebuch Familienpsychologie und Familientherapie. Band 1–4. Freiburg (Lambertus)

Hantel-Quitmann, Wolfgang (2005): Liebesaffären. Zur Psychologie leidenschaftlicher Beziehungen. Gießen (Psychosozial)

Hantel-Quitmann, Wolfgang (2006): Die Liebe, der Alltag und ich. Partnerschaft zwischen Wunsch und Wirklichkeit. Freiburg (Herder)

Hantel-Quitmann, Wolfgang (2007): Der Geheimplan der Liebe. Zur Psychologie der Partnerwahl. Freiburg (Herder)

Hantel-Quitmann, Wolfgang; Peter Kastner (Hg.) (2002): Die Globalisierung der Intimität. Die Zukunft intimer Beziehungen im Zeitalter der Globalisierung. Gießen (Psychosozial)

Hantel-Quitmann, Wolfgang; Peter Kastner (Hg.) (2004): Der globalisierte Mensch. Gießen (Psychosozial)

Hantel-Quitmann, Wolfgang (2008): Die Masken der Paare und welche Gefühle sie verbergen. Freiburg (Herder)

Hartmann, Martin; Bonacker, Thorsten; Lohmann, Hans-Martin (Hg) (2005): Gefühle. Wie die Wissenschaften sie erklären. Frankfurt am Main (Campus)

Heidegger, Martin (1979): Sein und Zeit. Tübingen (Niemeyer)

Hilbk, Merle (2005): Sex? Ohne uns! (http://www.zeit.de/zeit-wissen/2005/03/g_asexuell)

Hilgers, Micha (2006): Scham. Gesichter eines Affekts. Göttingen (Vandenhoeck & Ruprecht)

Holodynski, Manfred (2006): Die Entwicklung der Leistungsmotivation im Vorschulalter. Soziale Bewertungen und ihre Auswirkung auf Stolz-, Scham- und Ausdauerreaktionen. Göttingen (Hogrefe)

Hosser, Daniela; Windzio, Michael; Greve, Werner (2005): Scham, Schuldgefühle und Delinquenz. Eine Rückfallstudie mit jugendlichen Strafgefangenen. In: Zeitschrift für Sozialpsychologie, Heft 36. Bern (Huber)

Houellebecq, Michel (1999): Elementarteilchen. Köln (DuMont)

Houellebecq, Michel (2004): Die Welt als Supermarkt. Reinbek (Rowohlt)

Ignatieff, Michael (15.07.2004): Wir Auserwählten, nach Abu Ghraib. (http://www.zeit.de/2004/30/Essay_Ignatieff)

Illouz, Eva (2006): Gefühle in Zeiten des Kapitalismus. Frankfurt am Main (Suhrkamp)

Illouz, Eva (2007): Der Konsum der Romantik. Liebe und die kulturellen Widersprüche des Kapitalismus. Frankfurt am Main (Campus)

Irving, John (2006): Bis ich dich finde. Zürich (Diogenes)

Kant, Immanuel (1974): Grundlegung zur Metaphysik der Sitten (GMS). Werkausgabe. Band 7. Frankfurt am Main (Suhrkamp)

Kant, Immanuel (1974): Kritik der praktischen Vernunft (KpV). Werkausgabe. Band 7. Frankfurt am Main (Suhrkamp)

Kattermann, Vera (2008): Das kollektive Wiederholen der Erinnerung. Nachdenken über gesellschaftliche Vergangenheitsbearbeitung am Bespiel der südafrikanischen Wahrheits- und Versöhnungskommission. In: Psyche. Zeitschrift für Psychoanalyse und ihre Anwendungen. Sonderheft: Beschämung, Ressentiment, Vergeltung, 62. Jahrgang, Heft 9/10. Stuttgart (Klett-Cotta)

Kirbach, Roland (16.07.2009): Die Rathauszocker. Die Zeit, Nr. 30

Körner, Jürgen (2008): Der ressentimentgeladene Gewalttäter. In: Psyche. Zeitschrift für Psychoanalyse und ihre Anwendungen. Sonderheft: Beschämung, Ressentiment, Vergeltung, 62. Jahrgang, Heft 9/10. Stuttgart (Klett-Cotta)

Krumm, Volker; Susanne Weiß, Machtmissbrauch von Lehrern in Österreich, 2002, zit. nach: Singer, Kurt, Die Schulkatastrophe, Weinheim, 2009, 188–189

Kühn, Rolf (1997): Scham – ein menschliches Gefühl. Kulturelle, psychologische und philosophische Perspektiven. Opladen (Westdeutscher Verlag)

Ladurner, Ulrich; Birgit Schönau (09.07.2009): Der große Verführer. Die Zeit, Nr. 29

Landweer, Hilge (1999):Scham und Macht. Phänomenologische Untersuchungen zur Sozialität eines Gefühls. Tübingen (Mohr Siebeck)

Lansky, Melvin R (2008): Beobachtungen zur Dynamik der Einschüchterung: Spaltung und projektive Identifizierung als Abwehrmanöver gegen Scham. In: Psyche. Zeitschrift für Psychoanalyse und ihre Anwendungen. Sonderheft. Beschämung, Ressentiment, Vergeltung, 62. Jahrgang, Heft 9/10. Stuttgart (Klett-Cotta)

Laplanche, Jean; Pontalis, Jean-Bertrand (1972): Das Vokabular der Psychoanalyse. Frankfurt am Main (Suhrkamp)

Lehmann, Johannes F. (2008): Scham und Gewalt. Zum Zusammenhang von Wehrlosigkeit und Scham bei Aristoteles, Kant und Kleist.

In: Schuld und Scham. Jahrbuch Literatur und Politik. Band 3. Heidelberg (Winter)

Lewis, Michael (1993): Scham: Annährung an ein Tabu. Hamburg (Kabel)

Lietzmann, Anja (2007): Theorie der Scham. Eine anthropologische Perspektive auf ein menschliches Charakteristikum. Hamburg (Kovac)

Mangold, Ijoma (20.08.09): Gibt es eine Moral des Marktes? Die Zeit, Nr. 35

Marks, Stephan (2007): Scham – die tabuisierte Emotion. Düsseldorf (Patmos)

Marks, Stephan; Mönnich-Marks, Heidi (2008): Nationalsozialismus und Schamabwehr. In: Psyche. Zeitschrift für Psychoanalyse und ihre Anwendungen. Sonderheft: Beschämung, Ressentiment, Vergeltung, 62. Jahrgang, Heft 9/10. Stuttgart (Klett-Cotta)

Martiny, Anke (25.02.2004): Korruption bekämpfen – aber wie. Strategien der Prävention und konsequente Strafverfolgung. Vortrag vor der Arbeitnehmerkammer Bremen (25.02.2004) (www.transparency.de)

Mausfeld, Rainer (15.07.2009): Wissenschaftler profilieren sich als Folterknechte. (http://www.zeit.de/online/2009/29/gehirngeist-folter)

Mentzos, Stavros (1986): Neurotische Konfliktverarbeitung. Frankfurt am Main (Fischer)

Mitscherlich, Alexander (1971): Auf dem Weg zur vaterlosen Gesellschaft. München (Piper)

Mohr, Georg (09.07.2007): Seminar: Schuld und Scham aus interkultureller Perspektive. Bremen (Universität Bremen, Institut für Philosophie)

Neckel, Sighard (1991): Status Scham. Zur symbolischen Reproduktion sozialer Ungleichheit. Frankfurt am Main / New York (Campus)

Neudecker, Sigrid (2009): Höchste Zeit, dass wir uns aufregen! Zeit Wissen vom 08.04.2009

OECD (2006): Bildung auf einen Blick 2006. Berlin (OECD Centre)

Otto, Jürgen H.; Euler, Harald A.; Mandl, Heinz (2000): Emotionspsychologie. Ein Handbuch. Weinheim (Beltz PVU)

Platon: Nomoi [Gesetze]. Sämtliche Werke. Band 6. Reinbek (Rowohlt)

Pontzen, Alexandra; Preußer, Heinz-Peter (2008): Schuld und Scham. Jahrbuch Literatur und Politik. Band 3. Heidelberg (Winter)

Reher, Bettina S. (1995): Schamgefühle von sexuell missbrauchten

Mädchen und Frauen: Dokumentation und psychoanalytische In-
terpretation. Frankfurt am Main (Lang)

Riksen, Knut Inge (1997): Im Anfang war die Scham. Eine europäi-
sche Perspektive auf das Schamgefühl und das Ethnische. Oslo
(Diss.)

Sasse, Barbara (2008): Schamkultur und frühbürgerliche Öffentlichkeit. Zur Rezeption des Lucretia-Stoffes im deutschsprachigen
Drama des 16. Jahrhunderts. In: Schuld und Scham. Jahrbuch Literatur und Politik. Band 3. Heidelberg (Winter)

Schiller, Friedrich (1975): Über die ästhetische Erziehung des Menschen. Stuttgart (Reclam)

Schlimme, Jann E.; te Wildt, Bert T.; Emrich, Hinderk M. (2008): Scham
und Berührung im Film. Göttingen (Vandenhoeck & Ruprecht)

Schönbächler, Georg (2006): Die Scham in Philosophie, Kulturanthro-
pologie und Psychoanalyse. Zürich (Collegium Helveticum)

Schönau, Birgit (12.03.2009): Dschungelcamp Italien, Die Zeit, Nr. 12

Schopenhauer, Arthur (1977): Über die Grundlage der Moral (1840).
Werke Band 6. Zürich (Diogenes)

Schuhrke, Bettina (1998): Kindliche Körperscham und familiale
Schamregeln. Eine Studie im Auftrag der BZgA. Köln (Bundes-
zentrale für Gesundheitliche Aufklärung)

Schüttauf, Konrad (2008): Die zwei Gesichter der Scham. In: Psyche.
Zeitschrift für Psychoanalyse und ihre Anwendungen. Sonderheft: Beschämung, Ressentiment, Vergeltung, 62. Jahrgang, Heft
9/10. Stuttgart (Klett-Cotta)

Schüttauf, Konrad; Specht, Erst Konrad; Wachenhausen, Gabriela
(2003): Das Drama der Scham. Ursprung und Entfaltung eines
Gefühls. Göttingen (Vandenhoeck & Ruprecht)

Schwendemann, Wilhelm; Marks, Stephan (Hg.) (2007): Scham –
Beschämung – Anerkennung. Band 3. Berlin (Lit Verlag)

Seidler, Günter H.; Wurmser. Léon (1995): Der Blick der Anderen.
Eine Analyse der Scham. Stuttgart (Verlag Internationale Psychoanalyse)

Siggelkow, Bernd; Büscher, Wolfgang (2008): Deutschlands sexuelle Tragödie: Wenn Kinder nicht mehr lernen, was Liebe ist. Asslar (Gerth
Medien)

Sigusch, Volkmar (2005): Neosexualitäten. Über den kulturellen Wandel
von Liebe und Perversion. Frankfurt am Main / New York (Campus)

Singer, Kurt (2009): Die Schulkatastrophe. Schüler brauchen Lern-
freude statt Furcht, Zwang und Auslese. Weinheim/Basel (Beltz)

Spieß, Katharina C. (2008): Öffentlich finanzierte Betreuungs- und Bildungsinfrastruktur für Kinder: Was zu tun ist. In: Bertram, Hans (Hg.) (2008): Mittelmaß für Kinder. Der UNICEF-Bericht zur Lage der Kinder in Deutschland. Bonn

Steiner, Claude; Perry, Paul (2006): Emotionale Kompetenz. München (dtv)

Stenger, Jan (2008): Schamverlust in Kriegszeiten. Euripides als Kritiker zeitgenössischer Politik. In: Schuld und Scham. Jahrbuch Literatur und Politik. Band 3. Heidelberg (Winter)

Ulich, Dieter ([3]1995): Das Gefühl. Einführung in die Emotionspsychologie. Weinheim Beltz PVU)

Wefing, Heinrich (23.04.2009): Die Folterer laufen lassen? (http://www. zeit.de/2009/18/Folter)

Weiß, Heinz (2008): Groll, Scham und Zorn. Überlegungen zur Differenzierung narzisstischer Zustände. In: Psyche. Zeitschrift für Psychoanalyse und ihre Anwendungen. Sonderheft: Beschämung, Ressentiment, Vergeltung, 62. Jahrgang, Heft 9/10. Stuttgart (Klett-Cotta)

Werber, Niels (2008): „Torture or only Mistreatment?" Normativität, Normalismus und Normenreflexion nach Abu Ghraib. In: Schuld und Scham. Jahrbuch Literatur und Politik. Band 3. Heidelberg (Winter)

Willer, Stefan (2008): Urschuld, Erbsünde, Schamlosigkeit. Adam und Eva in der Literatur um 1900. In: Schuld und Scham. Jahrbuch Literatur und Politik. Band 3. Heidelberg (Winter)

Wüllenweber, Walter (14.02.2007): Voll Porno! (http://www.stern.de/ politik/deutschland/581936.html)

Wurmser, Léon (2007): Die Maske der Scham. Die Psychoanalyse von Schamaffekten und Schamkonflikten. Frankfurt am Main (Klotz)

Wurmser, Léon (2008): Scham, Rache, Ressentiment und Verzeihung. In: Psyche. Zeitschrift für Psychoanalyse und ihre Anwendungen. Sonderheft. Beschämung, Ressentiment, Vergeltung, 62. Jahrgang, Heft 9/10. Stuttgart (Klett-Cotta)